超・株式投資

賢者のためのオプション取引

著 KAPPA

Pan Rolling

美しい妻と最愛の息子 Leo に
本書を捧げる

はじめに

～凡人は天才になることを夢見るのではなく、現実を直視しなさい～

　本書の想定読者は、パンローリング社から出版される本ということもあり、株式投資をすでに始めて、それ相応の経験のある個人投資家、あるいはこれからオプション取引を始めてみようと考えている個人投資家です。とはいえ、今まで全く投資をしたこと初心者が読んでも十分理解できる内容にしています。

　野球や相撲などのスポーツは、プロとアマとは区別されて試合が行われます。プロとアマが対戦することはありません。しかし、株式投資の場合は、プロとアマの区別はありません。最初からプロと同じ土俵で戦うのです。本書は、書店に並んでいる他の株式投資の本と比べると、かなり難しく思うかもしれませんが、プロと戦うにはこれぐらいの知識は必要なのです。とはいえ、本書は初心者にも十分理解できるよう書きました。難しいところはじっくり読んで、それでもわからない場合は飛ばしても読んでも構いません。得られた結論はそう難しいものではありません。その結論を理解するために少し難しい話を書いただけです。

　株式市場が好調な時は、多くの投資法が次から次へと生み出されています。個人的な経験を普遍化して、何の根拠もないのに「新しい株式投資術」などと謳っていているレベルの低い株式投資の本が毎年大量に出版されていて、情報公害の状況にあります。そのため本書を読む前に、株式投資のバイブルとされているバートン・マルキールの『ウォール街のランダム・ウォーカー』を先に読まれておくことをお勧めします。

　個人投資家が投資するうえで必要かつ有用な知識は、既に多くの本

や論文に書かれています。ファイナンスの研究者が、学問的な関心から、統計学的に有意なリターンを得る方法を見つけ、それが偶然ではなく何らかのアノマリーである可能性が高ければ、それを学術誌に発表します。アノマリーの発見は普通の個人投資家ではとても無理なことですが、論文であればだれでも読むことができます。

そのほかにも、学術誌以外の本やホームページにアノマリーを利用した投資法が載っていますが、これらは有効性が科学的に検証されていないものが多いので、注意が必要です。

医学の世界でも、昔から似非医療の本は出回っていて、事情は似ています。民間療法の本に患者の体験談が載っていても、それは何の意味もありません。仮に、新しい治療法が発見されて、それを数人の患者に試みたところ、病気が治ったからといって、その治療法が有効であるという保証はありません。何もしなくても治ったかもしれないからです。もし、それだけで「この治療法が効く」と謳う本があれば、その本は「トンデモ本」です。その治療法が真に効果があることを証明するには、被験者を、その治療法を施す群と、何もしない(「何の効果もない」治療を施すのが理想です)群に、ランダムに分けて、その２つの群の予後を調べて、統計学的検証で有意差の有無を見る必要があります。そして、その論文は、同業研究者による査読でアクセプトされれば、学術誌に発表されます。それらが積み重ねられて、初めてエビデンスになります。

本書は三度の飯より株が好きという「株バカ」のための本ではありません。会社からサラリーをもらっている人のための本です。ピーター・リンチやジム・ロジャース、ジム・クレイマーら著名投資家が書いた本には、彼らの考えや投資法が書いてあって、参考になることも書かれています。そして、少し勉強すれば、自分も彼らのように投資ができるかのような気分になります。しかし、それは錯覚です。

繰り返しますが、個人投資家が株式市場で戦っている相手はプロです。相手は個人投資家が入手できる程度の知識は当然持っていますし、いろいろな情報も個人投資家より早く入手することができ、それらを分析する時間も十分にあります。頭も悪くはないでしょう。プロと戦うのは、戦車に竹槍で戦いに挑むようなものです。

　個人投資家が最初の2、3回は利益を上げることができたとしても、それは、まぐれです。少し考えれば、当たり前の話です。あなたが会得できるものは他の投資家も会得できるのです。したがって、超過リターンを継続的に上げることはできないのです。

　では、我々個人投資家はどうしたら、いいのでしょうか？
　道は2つあると思います。ひとつは、流動性の点でプロが相手にしていない小型株を徹底的に研究する方法です。プロとの正面対決は避けるわけです。競争相手が少なければ、利益を上げられる確率は高くなります。しかし、それは仕事を辞めて、専業投資家にならないと無理でしょう。プラスサム・ゲーム［参加者（投資家）全員の損益の合計がプラスになるゲーム］である長期投資を基本にしますが、相場が悪い時は相当な忍耐力がいるでしょう。また、会社からのサラリーという最も安定的したものを手放すわけですから、リスクは非常に大きいと思います。それでも、株が好きな人は、この道を選んでもいいでしょう（それほど「株」が好きなら、プロになることを薦めますが）。
　もうひとつは、今まで通り仕事をしながら、バフェットの「素人は値上がり銘柄を選ぼうとするべきではない。何も知らなくても投資先を分散しコストを最小限に抑えればほぼ確実に満足できる結果が得られる」という言葉のように、ETFなどに長期投資をすることです。そのうえで、（なるべく）毎月キャッシュフローを得る方法を同時にします。

では、毎月、キャッシュフローを得るための方法はなんでしょうか？
それはオプション取引をすることです。
　オプションはデリバティブ（金融派生商品）のひとつです。オプションの理論価格を決めるブラック・ショールズ方程式の証明には高度な数学が必要ですが、オプション取引をするのに数学は必要ありません。馬鹿とはさみは使いようで、デリバティブは使い方を誤ると非常にリスクが高くなりますが、本書ではリスクを回避するために使います。株式の長期投資は暇であり、忍耐が必要です。また、暇人は恐怖と欲望の中でつい株式の売買をしてしまいます。しかし、オプション取引をすることにより、暇が多少つぶれるので、株式投資のほうは気にしないですむようになります。結果として、株式の長期投資が達成されます。
　米国には、個人投資家向けに書かれたオプション取引の本がたくさんあります。全部を読んだわけではありませんが、その多くには難解な数式などは出てきません。
　一方、日本にはそのような本は皆無でした。オプションを解説した本はあっても、極めて初歩的で実践ではとても使えないと思われる内容の本か、逆に難解な数式の出ている専門家向けのものしかありません。さらに米国では、オプションの中でもカバード・コールに特化した本、プット売りに特化した本、あるいはスプレッドに特化した本がありますが、日本ではこれらに特化した本は今までなく、私の前著『週末投資家のためのカバード・コール』が最初の本でした。
　オプション取引には様々な種類があり、それが個人投資家に敬遠される理由のひとつになっています。しかし、個人投資家に向いている「保守的な」オプション戦略は、カバード・コール、現金確保プット売り、LEAPSコール買い、LEAPSダイアゴナル・スプレッドしかないと言っても過言ではありません。

本書の構成を示します。第1部と第2部に分かれています。第1部は株式投資の話ですが、個人投資家になじみの少ない内容も多いかもしれないので、各節の最初に「本節で学ぶこと」として、要点をまとめました。一部数式が出てきますが、数学が嫌いな人は読み流してもいいと思います。結論はわかるはずです。

　第1章では、「投資の常識」とされているいくつかのことの復習と再検証をします。例えば、株式投資の比較的まともな本では、「長期投資はリスクが低いので、なるべく長期投資をしたほうがいい」という説明が多いのですが、長期投資で大部分の人が損をする可能性もあることを示し、改めて株式投資の難しさを知ってもらいます。

　第2章では、市場の効率性について説明します。もちろん、市場には非効率的な部分は残されています。そこだけを強調する人もいます。しかし、それは重箱の隅をつつくような議論で、全体としては、市場は「かなり」効率的だと思われます。

　一方、アノマリーが存在するのも事実で、「東大卒医師が教える『株』投資術」に続いて、各種アノマリーを載せました。アノマリーの発見は普通の個人投資家ではとても無理なことですが、論文であればだれでも読むことができます。

　第3章では、各種投資法について述べます。最初に、株式の長期運用後のリターンをプロの運用する投資信託の実際のリターンで検証し、ファンダメンタル分析は有効かどうかを見ていきます。そして、guru（巨匠）は存在するかどうかについて考察します。

　次に、グリーンブラット、ハウゲン、オーショネシーなどのプロの機械的投資法が本当に有効かどうかを検証します。最後に、インデックス投資について述べます。現在、様々なスタイル別インデックスに連動するETFが販売されているので、それらを概説しました。

　本書の後半の第2部では、オプション取引を紹介します。

第1章でオプションの基礎を説明します。最低限、必要なことだけです。

　第2章では、オプション取引の実際を説明します。「保守的な」オプション取引である現金確保プット売り（CSP）、LEAPSコール買い、カバード・コール（CCW）、LEAPSダイアゴナル・スプレッド（LDS）、LEAPSコール・ブル・スプレッド、LEAPSプット・ベア・スプレッドなどを紹介します。具体例を出して、理解しやすいように努めました。

　第3章で、オプション取引のパフォーマンスに関するエビデンスを提示します。

2014年満開の桜のもとで
KAPPA

目　　次

・はじめに ——————————————————— 3

第1部

第1章　株式投資の「常識」の検証

1　個人投資家と投資会社のごまかし ——————————— 14
　株式投資で儲けた人の話は本当か？／投資信託の宣伝のトリック

2　テクニカル分析で儲けることができるか？ ——————— 17
　テクニカル分析にはエビデンスがない／
　テクニカル教信者は、なぜいなくならないのか？／モメンタム

3　長期投資でリスクは減るか？ ———————————— 21
　一般的な説明／期待効用理論による反論／オプション理論による反論／
　さまざまな「リスク」／長期運用後のリターンの確率分布／ドル・コスト平均法

第2章　市場の効率性とアノマリー

1　市場はどのくらい効率的か？ ———————————— 38
　市場の効率性について／ウィーク型の効率的市場仮説と証券価格の時系列特性／
　セミストロング型の効率的市場仮説／リターンの説明モデルについて

2　アノマリーについて ————————————————— 49
　小型株・バリュー・モメンタムのエビデンス／ボラティリティ・パズル／
　バリュー株効果とリスク／バリュー株効果の行動ファイナンスからの説明／
　小型株効果は亀の卵／アノマリーの有効性の低下

第3章 様々な株式投資法

1 ファンダメンタル分析 ──── 76
株式価値評価／ファンド（ポートフォリオ）のパフォーマンスの比較はどう行うか？／株式投資のプロの通信簿

2 機械的投資法 ──── 101
Guru（巨匠）たちの機械的投資法／シンプルな1または2ファクターによる機械的投資法／まとめ

3 インデックス投資 ──── 116
インデックスとは／インデックスとETF／米国市場のインデックスとETF／スタイル別ETF／大型株ETF と小型株ETF／総合バリューETF／配当バリューETF／収益バリューETF／ファンダメンタル・インデックス／モメンタム／低ボラティリティ／等金額加重ポートフォリオ／ETFのまとめ／モデル・ポートフォリオ

◎コラム　業界と利益相反 ──── 113

第2部

第1章 オプション取引の基礎

1 株式・投資信託・ETFを買ってはいけない ──── 154
2 オプションとは ──── 158
3 オプション取引 ──── 160
4 権利行使価格と原資産価格（株価）の関係 ──── 163
5 オプションの価格 ──── 164

6 オプション取引の4つの売買パターン ———— 176
　コール買い／コール売り／プット買い／プット売り

第2章　オプション取引の実践

1 オプション取引の準備 ———————————— 188

2 オプション取引で覚えておくべき用語 ————————— 194

3 実践的なオプション取引の戦略 ———————————— 195

4 プット売り ★★★ ———————————————————— 196
　満期日に株価が権利行使価格以上の時／株価が権利行使価格を割った時

5 LEAPSプット売り ★★ —————————————————— 199

6 LEAPSコール買い ★★★ ————————————————— 202
　トレードするためのLEAPS コールの買い／株式の保有を目的としたLEAPS コール買い

7 カバード・コール(Covered Call Writing) ★★★ ———— 219

8 LEAPS コール・ダイアゴナル・スプレッド ★★ ———— 222

9 LEAPS 9 コール・ブル・スプレッド ★★ ——————— 226

10 LEAPSプット・ベア・スプレッド ★ ————————— 234
　保有銘柄に対する保険として使う場合／株価下落に賭ける場合

11 LEAPS ベア・クレジット・スプレッドと
　 LEAPS ブル・クレジット・スプレッド 星なし ———— 238

12 プロテクティブ・プットとその派生 ★ ———————— 241
　プロテクティブ・プット／マリッド・プット

◎コラム　機会費用について　　　214

第3章 プット売り、カバードコールなどのエビデンス

1 エビデンスはあるか？ ——————————————————— 248

2 オプションで利益を得ることができるか？ 〜 歴史的考察(Doran) 〜 —— 249

3 Russell 2000 バイ・ライトの15年 〜 Kapadia 〜 ————————— 254

4 カバード・コールによるアルファの発見 〜 Hill 〜 ———————— 258

5 カバード・コールとネイキッド・プット売りの条件付き権利行使価格
  〜 Stoz 〜 ————————————————————————— 260

6 オプション・インデックスからのエビデンス ————————— 264

7 まとめ ———————————————————————————— 269

・参考文献 ——————————————————————————— 270

・おわりに ——————————————————————————— 274

第1部

第1章

株式投資の「常識」の検証

1 個人投資家と投資会社のごまかし

本節で学ぶこと

◎ホームページや本で公開されている（個人）投資家のリターンは水増しされているものが少なくない
◎儲けた人の話を鵜呑みにしてその投資法を実践するのは危険である
◎投資信託にも適切でないベンチマークを使って好成績を演出しているものがあるので注意する

1　株式投資で儲けた人の話は本当か？

　この手の話半分、いや半分以下と思ったほうがいいでしょう。仮に本当だとしても、たまたまうまくいった人が本を書いたか、あるいはネットで公表しているだけです。すべての投資家にリターンで順位をつければ、必ずだれかが1番になります。コイン投げ大会でも、必ず、だれかが1番になります。
　ふつうは損をした話は表に出てこないので、この種の情報には非常に大きなバイアスがかかっていると考えたほうがいいのです。全投資家のリターンの平均値は「市場の平均」と同じはずですが、プロや個人投資家が公表しているデータの平均値は「市場の平均」をはるかに

上回っていることについては検証するまでもありません。

　中には、捏造と思われる例も少なくありません。途中で追加して投入した資金をそのままリターンに計上して、リターンを水増ししていた例も、私は実際に知っています。日経平均株価が上がってくると、たまたま成功した個人的な経験をもとにして書かれた本が雨後の竹の子のように出てきます。「私はこの方法で何億円儲けた」という本ばかりですが、この類の本は全く役に立ちません。

　少し前の話ですが、『ビアーズタウンのおばあちゃんたちの株式投資大作戦』という本が出版されました。この本は、イリノイ州のおばあちゃん16人が投資クラブを作り、10年間の株式投資で、年率平均23.4％のリターンを出したという話です。この期間のS&P 500は年率平均14.9％の上昇だったので、「市場の平均」よりも大幅に勝っています。10年間でこの成績というのは驚異的です。小さな町のおばあちゃんでも、「市場の平均」つまりプロに圧勝したということで、株式投資は簡単だという印象を読者に与えました。

　この手の本は、とてもよく売れるのです。ところが、後に本当のリターンは年率平均9.1％だったことが判明しました。もちろん、「市場の平均」に完全に負けています。これなどは氷山の一角です。嘘も活字になると、本当のことのように見えるのです。「本に書いてあるから本当だ」とは、決して思わないようにしてください。

　また儲けた話が本当だとしても、リスクを大きく取った人がたくさんいれば、その中のごく一握りの人が大きなリターンを得ても不思議ではありません。その一握りの人の話が本になることがあっても、他の大部分の損をした人の話が本になることはありません。

2　投資信託の宣伝のトリック

　投資信託については、さすがにリターンの捏造はないでしょう。しかし、上記のトリックは、アクティブ型の投資信託の宣伝などでも使われています。その場合は、自社の投資信託のパフォーマンスをよく見せるために、(おそらくわざと)適切でないベンチマーク(※3)を使っています。つまり、リンゴとミカンを比較しているのです。

　例えば、バリュー投資で有名な Third Avenue は、Third Avenue Value Fund や Third Avenue International Value Fund の株式選択の基準として、PER(株価収益倍率)が7倍以下、NAV(純資産価値)が25%ディスカウントされているものと明記されています。ファンドの名称にも Value を標榜しているにもかかわらず、これらのベンチマークを、それぞれバリュー・インデックスではない S&P 500 と MSCI World Index に設定しています。これは、詐欺とまでは言いませんが、明らかに適切ではありません。

　同様に、Tweedy Brown も、Tweedy Brown Value Fund や Tweedy Brown Global Value Fund のベンチマークを、それぞれ S&P 500 と MSCI EAFE Index に設定しています。バリュー投資を標榜している Brandes Investment Trust もまったく同様です。

2　テクニカル分析で儲けることができるか？

本節で学ぶこと

◎テクニカル分析の有効性を示すエビデンスはない
◎今もってテクニカル教信者が多いのは、人間が生得的、あるいは学習によって得られた認知上のエラーに基づく判断エラーによるもの
◎エビデンスがない以上、テクニカル分析については意識的に無視することが肝要

1　テクニカル分析にはエビデンスがない

　本屋に行くと、個人投資家向けに、テクニカル分析（チャート分析）の本が多く出ています。すべてのテクニカル分析について検証が行われたわけではないですし、テクニカル分析全体を包括的に否定できるようなテストを考えることは不可能ですが、様々なテクニカルの有効性については、50年以上前からアメリカを中心にマサチューセッツ工科大学（MIT）、シカゴ大学、スタンフォード大学などの経済学者が中心になって検証されてきました。その結論は、**「テクニカル分析では市場平均を上回れない」**ということです。

　後述するモメンタムについては、その存在が認められていますが、これ以外のテクニカル分析には有効性を示すエビデンスがないのです

から、**テクニカル分析で儲けるというのはまったくの幻想**にほかなりません。テクニカル分析で儲かったと思っている人がいるかもしれませんが、それはたまたま運がよかっただけです。

テクニカル教信者は「移動平均線を越えたから買い」「ゴールデン・クロスしたから買い」「乖離度が25%だから買い」などと言いますが、これらは自分に都合のよい例を後講釈で説明しているだけです。そのような自分に都合がよい例以上に、これらのルールが当てはまらない例がいくらでも存在します。

2. テクニカル教信者は、なぜいなくならないのか？

ところで、なぜ、科学的に有効性が証明されていないにもかかわらず、テクニカル分析（チャート分析）が、現在も、これほど根深く信仰されているのでしょうか？ それは、認知上のエラー（錯覚）と後講釈によるものと考えられています。

認知心理学によると、人間の本性は、予測できない現象や意味のない現象を嫌います。フランシス・ベーコンが賢くも「人間はものごとを理解する際、実際以上に秩序や等質性があるように考えがちである。自然界の多くの事象は特殊で不規則であるにもかかわらず、人は何もないところに平行性や対称性や関係性を与えてしまうのである」と言っているように、投資家が単なる過去の株価の動きに特別な意味やパターンを求めてしまうのは、もともと人間にある自然な性癖なのです。

パターン認識の能力は、人間の生存上、有利に働いたため、人間は生得的にパターン認識の能力が優れています。さらに、幼少時から、一見ランダムに見える現象や数字からパターンや秩序を見つける訓練をされてきた結果、秩序がないところにも秩序を見出そうとし、株価のようなほとんどランダム・ウォークな動きに対しても意味のあるパ

ターンを発見してしまいます。

　そして、一度、そうしたパターンを信じてしまうと、因果関係の理論づけを行うことによって間違った考えがさらに補強されていきます。

　結局、マルキールが『ウォール街のランダム・ウォーカー』に書いているように、「科学的に見れば、チャート分析は錬金術と基本的には変わりがない」ということです。

3　モメンタム

　モメンタムとは、ある時期の株価変動（上昇か下降）と、それに続く時期の株価変動に相関があるということを意味します。ある期間（例えば1年）に株価が上昇した銘柄が、その後の期間（例えば1年）も株価が上昇した場合、プラスのモメンタムと言います（下の図のA）。その銘柄がその後の期間に株価が下落した場合は、マイナスのモメンタムと言います（下の図のB）。

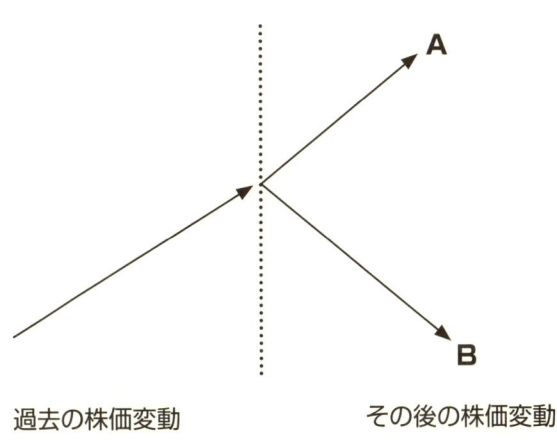

過去の株価変動　　　　その後の株価変動

『ウォール街のランダム・ウォーカー』の中でマルキールは、モメンタムについて、「どの時期でも有効だという確証はない」として否定しています。しかし多くの学術研究では、米国株式全体で、6ヶ月から1年のリターンにプラスのモメンタム（株価モメンタム）が存在し、3年から5年という長期のリターンを見ると、株価にマイナスのモメンタム（株価リバーサル）があるとされています。後ほど述べますが、このモメンタムを利用する戦略は非常に有効です。

日本において、東証1部のTOPIXではモメンタムは認められませんが、小型株・東証2部株の影響を重視する形で作られた株価指数については、プラスのモメンタムが認められます。一方、1990年代後半以降、大型株ポートフォリオについては負のモメンタムが認められます。

後述しますが、モメンタムが認められても、市場の効率性を否定する証拠にはなりません。

3 長期投資でリスクは減るか？

本節で学ぶこと

◎「長期投資でリスクは減る」と説明されている本の多くは、長期投資のリスクを過小評価あるいは何の評価もしないで書かれている

◎「リスク」とは標準偏差（バラツキ）という本来の意味のほかに、「損失する確率」を意味する場合もあれば、「損失の大きさ」を意味する場合もある

◎株価がランダム・ウォークする場合の、長期期間後の株価のリターンがどうなるかを知っておくことは、「リスク」の本質を理解するうえできわめて重要。その結果は、多くの人の「常識」に反するものである

◎標準偏差が大きい株価の場合は、期待リターンがプラスであったとしても、長期投資で大部分の投資家が損をする

◎毎月一定額を積み立てるドル・コスト平均法については、大部分のファイナンスの専門家はこれの有効性を否定しているが、一般的にはあまり知られていない

1　一般的な説明

リスクとは何でしょうか。もっともふつうの定義は標準偏差です。標準偏差とはバラツキのことで、投資的な意味で言うと変動（幅）を指します。要するに、標準偏差が大きな株式では、上下の変動が大きくなる＝リスクが大きくなるということです。

一般的に、「長期投資ではリスクが減る」と言われています。株式投資の本にもそう書いてあるものが多くあります。ファイナンスの教科書でも、「株式のようなリスク資産は、短期間ではリスクが大きくても、時間が長くなれば、安定したリターンが期待できる」という記述が多くあり、相関の低い資産を組み合わせてリスクの低減を図る分散投資と並んで、資産運用の基本と考えられていました。

それでは「長期投資ではリスクが減る」という説明を、ある株価を例にして見ていきましょう。

今、株価のリターンを年率5％、リスク（標準偏差）を20％とします。2年間で、リターンは10％、リスクは28.3％（20％×$\sqrt{2}$）となります。3年間では、リターンは15％、リスクは34.6％（20％×$\sqrt{3}$）になります。同様に、期間をT年間とした場合は、リターンは「5×T％」、リスクは「20×$\sqrt{T}$％」になります。これを年率に換算するために、それぞれTで割ると、リターンは5％、リスクは20/$\sqrt{T}$％になり、Tの値が大きくなればなるほど、リスクは減ることになります。これを「リスクの時間分散効果」と言い、多くの本には「長期投資の場合は、リスクの時間分散効果を利用して、株式などのリスク資産の割合を増やすべきだ」と書いてあります。

『ウォール街のランダム・ウォーカー』にも、「投資のリスクは投資期間に依存する」という章で、「株式投資のリスクも、投資期間に応じて減少するのだろうか。答えはもちろん『イエス』である」と書いてあります。

2　期待効用理論による反論

これに対して早くから異論を唱えていたのは、経済学の重鎮、ポール・サミュエルソン です。サミュエルソンは期待効用（後述）を最大化するのが目的なら、将来の資産価値は投資成果で決まること、さらに、人的資本や消費性向によらず、投資家の相対的リスク許容度は一定（資産額の変化にかかわらず、リスク資産比率を一定に維持する）で、リスク資産のリターンはランダム・ウォークすること、リターン間に相関はなく、分散も一定（独立同一分布）するという前提の下では、「投資家はその投資期間に応じてリスク資産の組み入れ比率を変えるべきでないこと」と述べました。

期待効用理論とは、18世紀にダニエル・ベルヌーイが主張したもので、典型的な投資家の効用は保有する資産の対数関数であるというものです。1単位の資産の増加は、富裕者よりも貧困者にとってより大きな意味（効用）があるということです。

例えば、100万円を持っている人が、50％の確率で3分の1の収益を得、50％の確率で4分の1の資産を失う投資を考えてみましょう。この場合、期待値は104.167（=0.5 × 133.333+0.5 × 75）万円で、100万円より多くなっています。したがって、期待値だけから投資判断をする人にとっては、「おいしい話」です。

しかし、期待効用の観点から見ると、必ずしも「おいしい話」ではありません。なぜなら、投資しなかった場合の期待効用は、4.6052（=ln100）単位ですが、投資した場合の期待効用も4.6052（=0.5 × ln133.33+0.5 × ln75）で同じになるからです。つまり、時間経過により期待値は上がったにもかかわらず、期待効用は変わらないのです。つまり、対数効用関数を有する典型的な投資家にとっては必ずしも「おいしい話」ではないことになります。

しかし、彼の理論は、その主張の根拠がベルヌーイの期待効用理論に依っていたこともあり、当時、実務界で注目されることはほとんどありませんでした。

3　オプション理論による反論

ボストン大学のボディは、年率8％、標準偏差20％でランダム・ウォークする株価において、株価が下落する確率は、1年後で34％、20年後ではわずか4％にしかならないことを述べたうえで、「リスクとは損失の可能性のことだろうか」と疑問を投げかけ、株式の長期保有のリスクを別の角度から検証しました。例えば、リターンが年率20％上がるかまたは下がる株式を想定します。最悪のことを考えると、1年後には最大で20％の損失、2年後には最大36％の損失、20年後では最大99％の損失を被る可能性があります。

そして、期初に株式に全額投資し、投資期間終了時点で無リスク資産に投資した場合の資産額を下回った際に、これを補填する保険をプット・オプションでかけた場合のコスト（プット・オプションの理論価格）をブラック・ショールズ（※2）方程式で計算することにより、そのリスクを計量化しました。

その結果、保険のコスト（プット・オプションの理論価格）が時間の経過とともに高くなることが明らかになりました。彼は、投資期間が長くなればなるほど、株式投資のリターンが無リスク資産のそれを下回る確率は減るが、この小さな確率で起きる損失が莫大なため保険のコストが高くなるためであると説明しました（次ページの表参照）。

◆投資期間と保険コストの関係

投資期間(年)	保険のコスト(%)
0	0.00
1	7.89
5	17.72
10	24.84
20	34.54
30	41.63
50	52.08
75	61.35
100	68.27
200	84.27

4　さまざまな「リスク」

これまで紹介してきたことから、リスクと一口に言っても、いろいろな考え方や意味があるということがわかると思います。

先述した標準偏差以外にも、「損失する確率」を意味する場合があります。リスク資産が元本割れする確率や、無リスク資産のリターンを下回る確率などです。

もうひとつの考え方として、「損失の大きさ」があります。ボディの指摘するところは、リスクとは「損失する確率」ではなく、「損失の大きさ」という考えです。

ここで、それぞれのリスク指標と投資期間の関係を見ていきます。「損失の可能性」として、具体的には以下のものを見ます。

①元本割れする確率
②無リスク資産のリターンを下回る確率
③元本すべてを失う確率
④資産額の振れ幅（1標準偏差）
⑤5％の確率で失う可能性のある最少損失額（5％の確率でこの額よりも大きな損失の出る可能性がある）
⑥1％の確率で失う可能性のある最少損失額（1％の確率でこの額よりも大きな損失の出る可能性がある）

なお、株式は期待リターン8％、標準偏差20％で、ランダム・ウォークすると仮定します。複利効果は考慮していません。無リスク資産（短期国債）のリターンは2％とします。

損失の確率のうち、「元本割れの確率」と「無リスク資産のリターン

を下回る確率」は、経過とともに、次第に小さくなっていきますが、「元本すべてを失う確率」は10年後まで漸増し、その後は減っていきます。

一方、損失額で見ると、当然ながら「資産額の振れ幅」、つまり標準偏差は経過とともに漸増します。次に、「5％の確率で失う可能性のある最少損失額」は5年後までは増え、その後は減り、投資期間20年でついに正になることがわかります。「1％の確率で失う可能性のある最少損失額」は10年後まで増え、その後は減ります。つまり、投資期間が長くなると、最悪リターンは初めは悪化していくが、あるところで底を打ち、その後は上昇に転じ、やがて正のリターンになるのです（下の表参照）。

◆長期投資と「損失の確率」および「損失の大きさ」

投資期間（年）	損失の確率			損失額（元本：1000万円）		
	元本割れの確率(%)	無リスク資産のリターンを下回る確率(%)	元本すべてを失う確率(%)	資産額の振れ幅(σ)(万円)	5%の確率で失う可能性のある最少損失額(万円)	1%の確率で失う可能性のある最少損失額(万円)
1	34.5	38.2	0.00	200	249	385
5	18.6	25.1	0.09	447	336	640
10	10.3	17.1	0.22	632	240	671
20	3.7	9.0	0.18	894	-129	481
30	1.4	5.0	0.10	1095	-598	149

（菅原周一, 長期運用とリスクの時間分散効果, フィナンシャル・プランニング研究, 17-25, 2003）

リスクと言っても、このようにいろいろな意味があり、それぞれのリスク指標は経年で複雑な動きをしていて、単純に「長期投資でリスクは下がる」とは言い切れないことがわかります。

以上は株価が期待リターン8％、標準偏差20％でランダム・ウォークすると仮定した話ですが、現実に目を向けても、日経平均株価は1989年12月に38,957円の最高値をつけたものの、24年経った2013年でも当時の半値以下の水準です。とても長期投資すれば安心だとは言えません。

フィナンシャル・プランナーなどは「年齢が若いうちは、株式の比率を大きくして、年をとるにつれて、株式の比率を下げましょう」とアドバイスしますが、どれほどリスクを取れるかを決める基準は、年齢よりもむしろ、人的資本と保有する資産額なのです。

5　長期運用後のリターンの確率分布

リターンは複利計算されるので、長期間後には分布が正規分布から歪みます。例えば、2期連続で＋10％のリターンを上げた場合、累積リターンは＋21％（=1.1 × 1.1 − 1）になります。一方、2期連続でリターンが−10％の場合は、累積リターンは−19％（=（1 − 0.1）×（1 − 0.1）− 1）になります。この非対称性が正規性を歪めるのです。

今、最初に100円あり、これが年率100％のリターンとなる投資を考えます。期間を2つに分けてリターンが半年複利で計算されるとします。この場合、半年後の投資額は、最初の半年で50％増加して150円になり、その次の半年で50％増加して225（=150 × 1.5）円になります。

四半期ごとに複利計算すると、1年後に244.14（=125 × 1.25 × 1.25 × 1.25）円になります。こうした複利計算される頻度をどんどん上げて、無限大にするとどうなるでしょうか？

答えを先にいうと、271.82…円になります。これは、高校の時に習った自然対数（e=2.7182…）に、最初の100円を掛けた数字に他なりません。これを式に表すと、次のようになります。

$$FV = (1 + r/n)^n$$

FV= 将来価値
r= 年率リターン
n= 複利計算の頻度

　四半期ごとに複利計算する場合は、n=4で、r=1ですから、FV =（1+1/4）の4乗= 2.4414となり、期初の100円を掛ければ、244.14円になります。
　n=∞の場合は、FV= eとなります。eを連続複利リターンと等しい指数で累乗し、それに期初価格を掛けると、期初価格をそのリターンで連続複利運用した期末の価格になります。
　例えば、期初100円の投資が20％の連続複利リターンで運用されると、1年後には、100円に「eの0.2乗=1.2214」を掛けた数字、122.14円になります。これは期間リターン22.14％で運用されたことと同じで、次のような関係が成立します。

$$e^{連続リターン} = 1 + 期間リターン$$

$$\ln(1 + 期間リターン) = 連続複利リターン$$

$$期初価格 \times e^{連続リターン} = 期末価格$$

連続複利リターンは、(1＋期間リターン)の自然対数に等しいので、連続複利リターンが正規分布する時、期間リターンは対数正規分布に従います。

ここで、株価がランダム・ウォークする場合、株価の長期間後の確率分布がどうなるかを視覚的に見ていきましょう。

リターンが年率8％、標準偏差10％の場合、2年後から20年後までの株価の分布を見たのが30ページ〜32ページの図です。最頻値、中央値、期待値（平均値）のすべてが、期間の経過とともに、右方にずれていくのがわかります。そして、最頻値＜中央値＜期待値（平均値）の関係が成立します。期待値（平均値）は、その名前に反して、期待通りにはならないのです。

◆リターン8％、標準偏差10％の場合

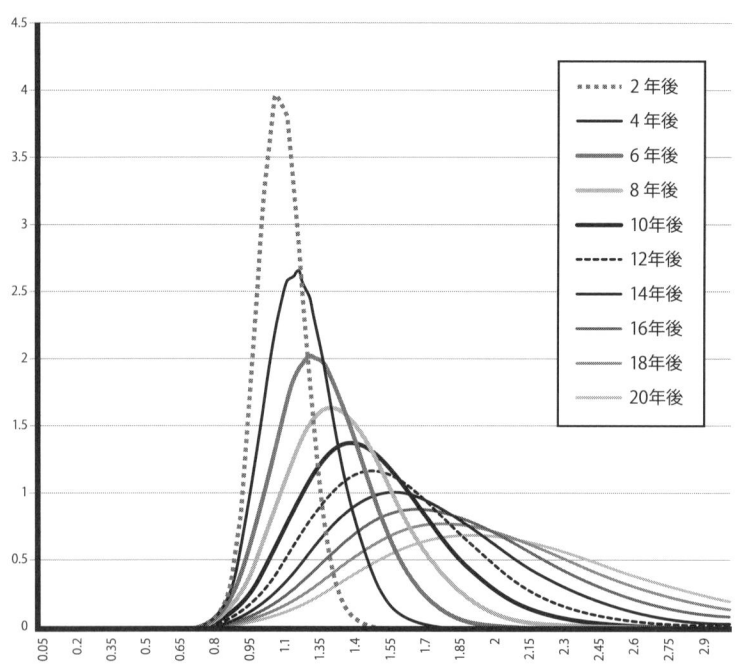

次は、リターンは8％のままで、標準偏差が20％になった場合の株価の分布です。標準偏差10％の場合と比べて、最頻値、中央値が左方にずれています。

◆リターン8％、標準偏差20％の場合

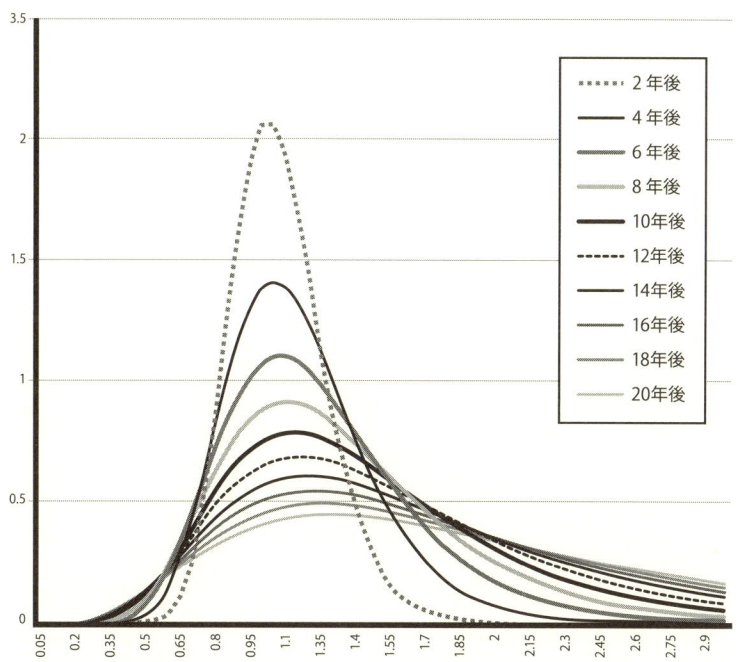

最後に、リターンはそのままで、標準偏差が30％の場合の株価の分布です。最頻値、中央値ともに、期初より減っています。つまり、この場合、過半の投資家は損失を出すことになります。

◆リターン8％、標準偏差30％の場合

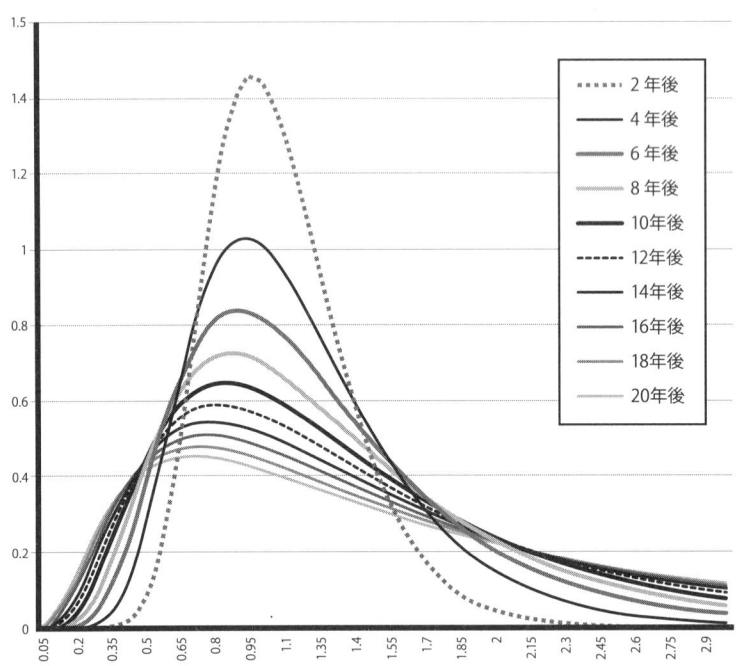

このようにリターンが同じであっても、標準偏差の大小により、長期間後の期待リターンの分布は大きく変わります。グラフからは、期待リターンが同じであれば、標準偏差が小さければ小さいほど、普通の投資家にとっては好ましいといえるでしょう。

6　ドル・コスト平均法

ドル・コスト平均法は、一定期間ごとに、一定金額で、同じ投資対象を買い付ける投資方法です。例えば、毎月同じ日に、2万円ずつ、TOPIX連動のインデックス・ファンドを買い付けるというような投資方法です。フィナンシャル・アドバイザーが必ず勧める投資法で、マルキールも『ウォール街のランダム・ウォーカー』の中で強く勧めています。証券会社も熱心に勧めています。

この方法で投資信託や株式など値動きのある金融商品を等間隔、等金額で積み立て投資すると、同じ口数（等量）ずつ買い付けていくよりも平均取得価格が低くなるため、投資効率がよいといわれています。

しかし、それを無条件に信じていいのでしょうか？　例えば、株価が一直線に値上がりしている場合には、最初にまとめて株を買っておいたほうが有利であり、一直線に値下がりするような場合には買わないでおくほうが有利なのは当たり前です。これだけでも、このドル・コスト平均法は必ずしも「常に」万能なツールとはいえないことは直感的にわかります。

将来の株価は予想できないので、机上でどちらが有利かを論じても、あまり意味がありません。では、実際のところはどうだったでしょうか？

1950年から2012年までのデータで、年初に10,000ドルを一括投資する場合と、年間10,000ドルを毎月等金額投資する場合（ドル・コスト平均法）の年末の残高を調べます。本来は、毎月等金額投資する

ドル・コスト平均法と1950年に63年分に当たる630,000ドルを一括投資する方法とを比べるべきかもしれませんが、最初からこれだけの金額を用意するのは現実的ではないので、年初一括投資法とドル・コスト平均法（毎月等金額投資法）を比較します。

その結果、年初一括投資法は平均リターン7.87％、ドル・コスト平均法は平均値5.89％でした。有意差をもって年初一括投資法のほうが良いリターンとなりました（$p<0.05$）。

では、なぜ証券会社やフィナンシャル・プランナーあるいはマルキールなど一部の学者までもが熱心にドル・コスト平均法を勧め、個人投資家もそれを信じるのでしょうか？　その理由は、行動ファイナンスで説明できます。

今、1,000ドルを持っていて、それを2つの期間に500ドルずつ投資するとします。最初の期間の株価は50ドルで、次の期間の株価は12.5ドルにまで暴落したとします。最初の期間の初めに買った株式は、10（500÷50）株で、次の期間の初めに買った株式は40（500÷12.5）株です。1,000ドルで、合計50株を買ったわけですから、平均購入価格は20ドルです。

最初に持っていた1,000ドルが、最終的な評価額は625（12.5×50）ドルに減っていますから、実際には大きな損失です。しかし、行動ファイナンスの観点から見ると、ドル・コスト平均法で買った平均購入価格が20ドルで、2期間の平均株価が31.25ドルなので、利益が出ていると見ます。つまり、行動ファイナンスの観点からは、株価が変動しない場合を除き、すべてのケースで利益が出るように見えます。これは、行動ファイナンスでいうところの「フレーミング」です。

また、ドル・コスト平均法のように、自分でルールを決めた後、強制的にとられた行動は、責任が伴わないし、後悔の念は起こりにくくなります。その結果が悪くても、ルールに従っただけだという言い訳

ができるので、後悔の念は軽減されます。

　ドル・コスト平均法は、消費が魅力的であるが故に、一種の自己規律ルールを設定して、もっと消費したいという誘惑を抑える有効な手段になります。消費を我慢することはある種の損失の苦しみを与えますが、老後のための貯蓄・投資は別だという「心の会計」がその苦しみを減らします。

　ドル・コスト平均法について、合理的な投資家（伝統的ファイナンス）はその有効性を否定しますが、行動ファイナンスの観点からは以上のように説明できます。しかし、伝統的ファイナンスの雄であるマルキールが『ウォール街のランダム・ウォーカー』の中で6ページにもわたってこれを強く勧めているのは、彼のほかの主張との整合性がないように思われます。

　なお、これとは別に、証券会社がドル・コスト平均法を勧めるのは、手数料稼ぎが大きな動機になっていることに疑いの余地はありません。

【第1章の註】

※1　ベンチマーク（16ページ）
比較の対象としてあらかじめ決められたインデックス

※2　ブラック・ショールズ方程式（24ページ）
フィッシャー・ブラック、マイロン・ショールズとロバート・マートンが発表した、デリバティブの価格付けに表れる確率微分方程式

※3　心の会計（35ページ）
お金の価値は同じであるにもかかわらず、心の中で区別し、使い方を変えてしまうこと

第1部

第2章

市場の効率性とアノマリー

1　市場はどのくらい効率的か？

本節で学ぶこと

◎効率的な市場とは、すべての証券の市場価格（株価）が常にその投資価値に等しい市場のこと
◎ウィーク型の効率性が成立するならば、それはテクニカル分析の否定につながる
◎セミストロング型の効率性が成立するならば、それはファンダメンタル分析の否定につながる
◎効率的市場仮説とリターンの説明モデルは表裏一体の関係にある
◎リターンの説明モデルとは、リターンを生み出すリスク要因を特定し、リターンとリスク要因の間の相関関係を表したものである
◎リターンの説明モデルには「CAPM（資本資産価格モデル）」と、より実態に近い「市場リスク」「バリュー株効果」「小型株効果」を使った「3ファクター・モデル」、さらにモメンタムを加えた「4ファクター・モデル」がある

1　市場の効率性について

　ウィリアム・シャープ は、**「効率的な市場とは、すべての証券の市場価格が常にその投資価値に等しい市場である」**と定義し、ユージン・ファーマらは、次のように3つの種類に分けました。

①ウィーク型の効率性
　今日の証券価格に、過去の証券価格の変遷に関する情報が完全に織り込まれる。

②セミストロング型の効率性
　今日の証券価格に、過去の証券価格を含むあらゆる公開情報が迅速かつ完全に織り込まれる。

③ストロング型の効率性
　一部の投資家にしか知られていない情報でも、証券価格に迅速かつ完全に織り込まれる。

　もし、ストロング型の効率性が成り立てば、企業の内部情報でさえ瞬時に市場価格に織り込まれることになるので、インサイダー取引によって過大なリターンを獲得することも不可能ということになりますが、現実はそこまで効率的ではないでしょう。

2　ウィーク型の効率的市場仮説と証券価格の時系列特性

　市場の効率性を実際に検証するには、何が「正常なリターン」で、何が「過大なリターン」であるかを知る必要があります。そこで、正常なリターンのことを、市場が要求するリターンという意味で「要求

リターン」と呼び、リターンの平均的な実現値や現在の株価をベースに計算されるリターンの予想値を「期待リターン」と言うことにします。株式などのリスク資産に対しては無リスク金利にリスクプレミアムを上乗せしたリターンを市場は要求します。市場の情報効率性が成り立っている場合は、将来のペイオフの想定値と毎期市場で実際に付けられた価格をもとに計算される期待リターンには、その時点で入手可能なすべての情報が反映し尽くされているはずです。

　その後に期待リターンが高くなる（価格は下がる）か、低くなる（価格は上がる）かは、後から判明する情報次第で決まることになります。その結果、

期待リターン＝ 要求リターン（※）

が成立するところまで、個々の株価は調整されます。

　今、※印の等式の右辺の要求リターンがゼロと仮定します。この時、効率的市場では期待リターンもゼロとなるように株価が決まることになります。今日の時点で予想される明日の株価の期待値が、今日の株価に等しいことを意味しています。これを「マルチンゲール性を有する」と言います。

　どういうことなのか、簡単な例を挙げます。例えば、今の時点で100円の株価が、明日、120円になると投資家が思えば、当然、投資家はその株を買い進めます。その結果、明日まで待つことなく、今日中に、株価が120円まで上がることになります。要するに、明日の株価の期待値（＝120円）が今日の株価に等しくなる（今日中に実現される）ということです。

　これは、明日の株価の確率分布は 期待値ゼロの正規分布に従うということです。株価がランダムに動く、あるいは株価変化の系列相関はゼロであると言い換えることもできます。つまり、市場がウィーク

型の情報効率性仮説を満たし、今日の株価が過去の株価に含まれる情報を完全に織り込んで形成されるなら、株価の変化は完全にランダムになりますから、転じて、株価の予測は不可能になります。

ウィーク型の効率性が成立するならば、過去の株価のパターンをいくら分析しても、そこから**過大な投資リターンを平均的に獲得することはできない**ことになります。要するに、テクニカル分析の否定につながります。

また、市場の要求リターンがゼロではなく、「無リスク金利＋リスクプレミアム」の時は、以下のようになります

①要求リターンが一定の場合は、株価はランダムに動く
②リスクプレミアムが一定の場合は、リターンから無リスク金利を差し引いた超過リターンがマルチンゲール性を有することになる。無リスク金利が時間的に一定の方向に変化する傾向がある場合は、株式の超過リターンの系列相関はゼロだが、株価のリターンの系列相関はゼロとは限らない
③リスクプレミアムが時間的に一定の方向に変化する傾向がある場合は、リターンと要求リターンの差がマルチンゲール性を有するが、株式のリターンや超過リターンの系列相関はゼロとは限らない

つまり、ウィーク型の効率性が成立しても、株価の系列相関（モメンタム）の否定にはなりません。

3　セミストロング型の効率的市場仮説

セミストロング型の効率性、つまり今日の証券価格に、過去の証券価格を含むあらゆる公開情報が迅速かつ完全に織り込まれるということが成り立てば、企業の有価証券報告書、決算情報、増配や株式分割、

M&Aの発表、アナリストの業績予想など、公開されているすべての情報を分析して、そこからいくら投資戦略を策定しても、平均的に、継続的に、過大な投資リターンを獲得することはできないことになります。これをファンダメンタル分析の否定と捉える人もいますが、ファンダメンタル分析により直ちに株価が適正な価格に修正されるとも考えることができます。

　もし、市場が効率的でなければ、期待リターンが要求リターンから乖離している株式が市場に存在することになります。期待リターンが要求リターンを上回る株式は価格が割安であり、期待リターンが要求リターンを下回る株式は価格が割高です。

　ファンダメンタル分析で、このような割安、割高の株式（期待リターンが要求リターンから乖離している株式）を体系的に見つけることができる投資家は、要求リターン以上のリターンを平均的に獲得することができるはずです。しかし、投資家やアナリスト、ファンドマネージャーが刻々と変動する株価を常に看視しているので、このような市場のミスプライスはすぐ発見され、株価は正しい水準に直ちに修正されます。したがって、**平均的に、継続して、過大な投資リターンを獲得することはできない**と効率的市場仮説では考えます。

　市場では、株式の本源的価値に影響を及ぼしうる情報やニュースが絶えずランダムに発生しますが、効率的市場仮説においては「投資家は新しい情報の内容を、瞬時に正しく理解し、適切な対応をとることにより、その情報が瞬時に株価に織り込まれていく」と考えます。良いサプライズのニュースが出ればすぐに株価は上昇し、悪いサプライズのニュースが出ればすぐに株価は下落しますが、良いニュースと悪いニュースは、事前に予測できず、ランダムに発生するので、それに合わせて効率的な市場では株価はランダムに変動するというわけです。

　このセミストロング型の効率的市場仮説に関して、増益や減益、増

配や減配、増資、自社株買い戻し、M&A、アナリスト予想の改訂などのニュースが、実際の市場でどの程度のスピードでファイナンス理論と整合的な水準まで株価に織り込まれるかについて、数多くの実証研究がなされてきました。その結果については、様々な解釈が可能です。

現実のニュースや会計情報は、だれが読んでもすぐに内容を理解できるほど単純なものではありません。その理解には、事前情報と事後情報が必要になる場合もあります。さらに、ニュース・ソースの信頼性や会計情報の複雑さ、そこに含まれるノイズやバイアス、背後にあるインサイダーの思惑など、それらを瞬時に理解するなど不可能なことも少なくはありません。

市場が効率的であっても、PEAD（Post earnings announcement drift ※4）をはじめ、各種アノマリーは存在することもあるため、これらすべてを投資家の不合理性や意思決定バイアスに帰着させようとする（＝アノマリーがあるから市場は効率的ではないとする）、一部の行動ファイナンスの主張は極端に思われます。

このようなアノマリーの存在が、ただちに市場の効率性を否定することにはつながらないのです。

4　リターンの説明モデルについて

効率的市場仮説とリターンの説明モデルは表裏一体の関係にあります。リターンの説明モデルとは、リターンを生み出すリスク要因を特定し、リターンとリスク要因の間の相関関係を表したものです。

ここでいうリスク要因とは「市場リスク」「小型株」「バリュー株」の3つです。その後、リターンに対する説明変数として「モメンタム」が付け加えられました。リターンはこの4つでほぼ説明がつきますが、これらのファクターで説明できない個別銘柄あるいはファンドのリターンがあります。それを $α$（アルファ）と言います。

① CAPM（資本資産価格モデル）

まずは、リターンの説明モデルの原型であるCAPM（資本資産価格モデル）について簡単に説明をします。CAPMとは、リスク資産の均衡市場価格に関する理論です。市場が均衡している状態では、リスクを負担した分に見合うリターンを得ることができるということを、ウィリアム・シャープが理論的に明らかにしたものです。

CAPMが成立するためには、以下のような前提が必要です。

① 投資家は期待収益率、分散、共分散について共通の予想を持つ
② 投資家は効用を最大化するように行動する。その結果、需要は均衡する
③ 市場に存在する証券の数量は変わらない
④ 市場は完全である。つまり、投資家が多数存在し、少数の投資家の売買によって株価は影響されず（マーケット・インパクトがない）、情報の完全性が達成されている

ウィリアム・シャープは、上記のような前提の下で、次の式が成立すると考えました。

$$Ri(t) - RF(t) = ai(t) + bi[RM(t) - RF(t)] + ei$$

Ri（t）；銘柄iの期間tにおけるリターン
RF（t）；期間tにおけるリスクフリー・レート
RM（t）；期間tにおけるマーケット・ポートフォリオの平均リターン
ai（t）；期間tにおける銘柄iのα（各ファクターで説明できない銘柄の付加価値）
bi；期間tにおける銘柄iのリターンの、マーケット・ポートフォリオのリターンの変動に対する平均的感応度（β）
ei；誤差項

βが1.5の場合は、マーケット・ポートフォリオのリターンが1％変化した時、銘柄iの株価は1.5％変化したということです。

上記のモデルを銘柄iではなく複数個の銘柄に分散投資されたポートフォリオのリターンに応用する場合、分散投資されたポートフォリオのリスクは、市場に連動する部分と個々の銘柄に固有の部分（誤差項）の2つの部分に分けて考えることができます。前者は市場リスクまたはシステマティック・リスク、あるいは単にベータリスクと呼ばれます。後者はアンシステマティック・リスクないしはユニーク・リスクと呼ばれます。

組み入れ銘柄数が多くなるにつれて 誤差項、すなわち組み入れ銘柄のユニーク・リスクはどんどん小さくなり、事実上、無視しても差し支えないほどになります。その結果、幅広く分散投資されたポートフォリオに関しては、「市場リスク」が事実上、唯一のリスク指標になります。

このモデルでリターンを決定するうえでの変数はただひとつ、期間tにおけるマーケット・ポートフォリオの超過リターン「RM（t）－RF（t）」だけです。このため、このマーケット・モデルは**シングルファクター・モデル**と呼ばれます。

一般的に、個々の株式あるいはそれを組み入れたポートフォリオの標準偏差とβの間には、一義的な関係はありません。標準偏差が大きくてもβが低い場合や、あるいは逆に標準偏差は小さくてもβは高い場合もあります。しかし、マーケット・ポートフォリオに関しては、$\beta = 1.0$と定義されています。

CAPMについての実証研究は、初期には肯定的な検証結果を示すものが多かったのですが、1970年代後半以降、否定的な結果が多く出るようになり、現在は古典的なCAPMは支持されていないと言っていいと思います。

実際には、複数の株式ポートフォリオの間のリターン格差はβの相違だけでは説明しきれず、それらは**CAPMアノマリー**と言われます。代表的なものに「**小型株効果**」「**バリュー株効果**」「**株価モメンタム**」があります。これらのアノマリーについては、次節で詳しく説明します。

②マルチファクターモデル（3ファクター・モデル）

　株価リターンに対して、市場リスク以外のファクターを加えたものがマルチファクターモデルと呼ばれるものです。これは、APT（裁定価格理論：Arbitrage Pricing Theory）に基づいています。その代表例が、ファーマ＝フレンチの3ファクター・モデルです。

　これはもともと、CAPMのような均衡理論に基づいたものではなく、ファクター・リターンの説明力と定数項がゼロであることを同時検定するための回帰モデルです。

　このモデルでは、CAPMの式のマーケットの超過リターンのほかに、CAPMアノマリーである「小型株効果」、つまり小型株のリターンから大型株のリターンを引いたもの（SMB, small minus big）と、「バリュー株効果」つまりバリュー株のリターンからグロース株のリターンを引いたもの（HML：high minus low　※5）を式に加えています。

　ファーマは、企業規模に関しては大型株を時価総額上位10％、小型株を時価総額下位10％として、2つのポートフォリオに分け、PBRに関しては、バリュー株をPBR（株価純資産倍率）の低位30％、グロース株をPBRの上位30％、ニュートラル株をその間の銘柄として、3つのポートフォリオに分けました。対象とした銘柄は、NYSE、AMEXとNASDAQ株です。式は次ページの通りです。

　この式をポートフォリオに適用した場合、aは各ファクターでは説明できないポートフォリオの付加価値、すなわちファンドマネージャーの銘柄選択の優越と、とったリスクに対するプレミアム、そし

◆マルチファクターモデルの計算式

$$R_i(t) - RF(t) = a_i(t) + b_i[RM(t) - RF(t)] + s_i SMB(t) + h_i HML(t) + e_i(t)$$

$R_i(t)$;銘柄 i の期間 t におけるリターン

$RF(t)$;期間 t におけるリスクフリー・レート

$a_i(t)$;期間 t における銘柄 i の α(各ファクターで説明できない銘柄の付加価値)

b_i;銘柄 i の β、$RM(t)$;期間 t におけるマーケット・ポートフォリオの平均リターン

$SMB(t)$;(期間 t における小型株ポートフォリオの平均リターン)-(大型株ポートフォリオの平均リターン)

$HML(t)$;(期間 t におけるバリュー株ポートフォリオの平均リターン)-(グロース株の平均リターン)

$e_i(t)$;誤差項

て運を足したものになります。

　ところで、ファーマがバリュー株効果を考える際、なぜPBR（株価純資産倍率）を用いたのか、PER（株価収益倍率）ではなぜだめなのかという点については言及していません。彼はPERがバリューのファクターとして有効であることは確認していますが、PERを使った場合の3ファクター・リターンの現実との適合性、説明力について、実際に検討したかどうかは不明です。

③4ファクター・モデル

　次に、カハートは、ファーマの3ファクター・モデルに、「**モメンタム**」、つまり過去1年間に株価が上昇した株式グループと下落した株式グループのポートフォリオ間のリターン・スプレッドを第4のリスク・ファクターとして加えることにより、ポートフォリオのリターンに対する説明力がさらに高まることを実証しました。

$Ri（t）- RF（t）$
$= ai + bi[RM（t）- RF（t）] + siSMB（t）+ hiHML（t）$
$\quad + wiWML（t）+ ei（t）$

WML（t）:(期間 t における過去 11 ヶ月でのリターンの上位 30%の過去 1 ヶ月間のリターン）-（期間 t における過去 11 ヶ月でのリターンの下位 30%の過去 1 ヶ月間のリターン）

　その後、この4ファクター・モデルは、ヨーロッパ、日本、アジア太平洋の株式でも、株式のリターンに対する説明力を強く持っていることが証明されています。

2 アノマリーについて

本節で学ぶこと

◎株価リターンは「PBR（株価純資産倍率）」「小型株効果」および「モメンタム」とは強い相関がある
◎ボラティリティの高い銘柄は実はリターンが低い
◎アノマリーについては、ほかにも多くのものが報告されているが、それらの多くは、近年消失傾向にある

1　小型株バリュー・モメンタムのエビデンス

　市場が効率的であれば、会計情報を利用してもリスクプレミアムを上回るリターンは得られないはずです。もし、それが得られるとするならば、その現象はアノマリーです。現在はコンピュータがあるので、バックテストでリターンと相関関係があるように見えるファクターは比較的簡単に見つけることができます。

　しかし、それらのファクターがデータ・スヌーピング（データの詮索）の結果、たまたま見つかったものなのか、あるいは共分散の結果なのか、それとも何らかのキャラクター（特性）を持つものなのかを注意深く調べる必要があります。**バックテストの結果の鵜呑みは極めて危険**です。

　それが真にアノマリーであると言うためには、それが伝統的な枠組

みで説明できないというだけでは不十分です。現実の市場では、さまざまな制約によって裁定機会が制限されていることがあるので、一時的に、あるファクターがリターンと強く相関することはあり得るからです。アノマリーであると言うためには、それが長時間持続しなければいけません。

しかも、それが特定の市場だけでなく、すべてではなくても、多くの国の市場で成立することが望ましいと思われます。

例えば、前節で紹介した3ファクター・モデルや4ファクター・モデルの要素である「バリュー株効果」や「小型株効果」「モメンタム」は多くの市場で長期間観察されているのでアノマリーと言えます。

ファーマは、北米、ヨーロッパ、日本、アジア太平洋の4つの地域（23ヶ国）で、1989年から2010年までのPBR（株価純資産倍率）、時価総額（小型株効果）およびモメンタム（過去1年間の株価リターン）と株価の超過リターンとの関係をポートフォリオ分析で調べました。

対象銘柄数は記載されていませんが、データベースがDatastreamなので、小型株も入っています。1ヶ月ごとにリバランスしています。リターンは米ドルに換算します。

まず、グローバル市場の超過リターンです。**PBRが小さいほど、またサイズ（時価総額、以降サイズ）が小さいほど超過リターンが良い**ことがわかります。つまり、バリュー株効果、小型株効果は明らかです。

特に、小型株（系列1）ではPBR最低の銘柄グループ（1）とPBR最高の銘柄グループ（5）とのリターンの差が大きくなっています。大型株（系列5）ではそれほどでもありません（次ページの上の図）。

米国市場はグローバル市場とほぼ同様の傾向があります。やはり、小型株（系列1）で、バリュー株効果が顕著です（次ページの下の図）。

◆グローバル市場でのPBRおよびサイズとリターンの関係　※グループ1

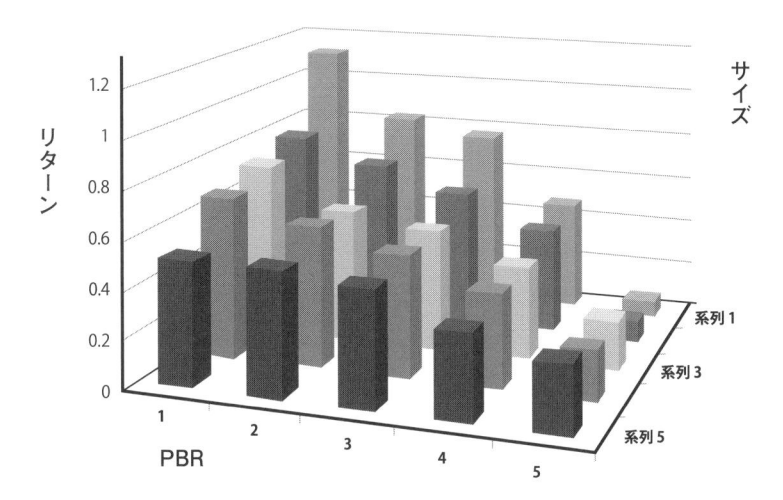

グローバル市場。1—5はPBR（1が最低、5が最高）、系列1—5はサイズ（1が最小、5が最大）。1989年〜2010年（E. Fama, K. French, Value versus Growth: The International Evidence, The Journal of Finance, 1975〜1999, 53, 1998）

◆米国市場でのPBRおよびサイズとリターンの関係　※グループ2

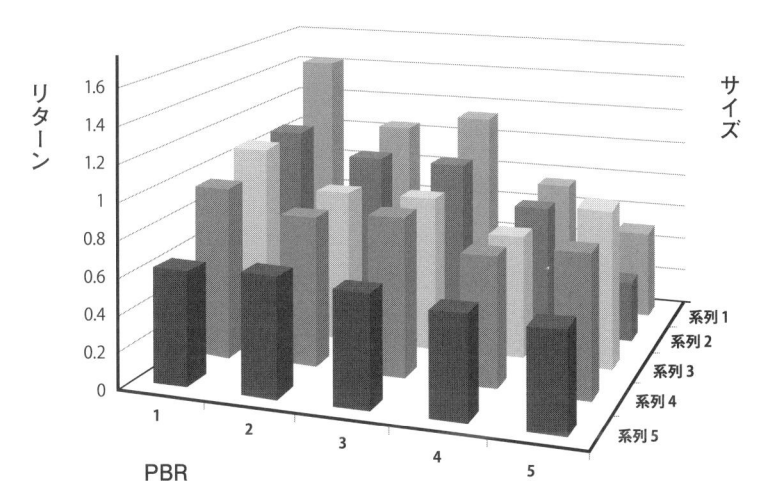

米国市場。1—5はPBR（1が最低、5が最高）、系列1—5はサイズ（1が最小、5が最大）。1989年〜2010年（E. Fama, K. French, Value versus Growth: The International Evidence, The Journal of Finance, 1975〜1999, 53, 1998）

日本市場では、バブル崩壊後の株価低迷が続いたため、全体的に超過リターンが非常に悪くなっています。しかし、バリュー株効果、小型株効果は認められます。

◆日本市場でのPBRおよびサイズとリターンの関係　※グループ3

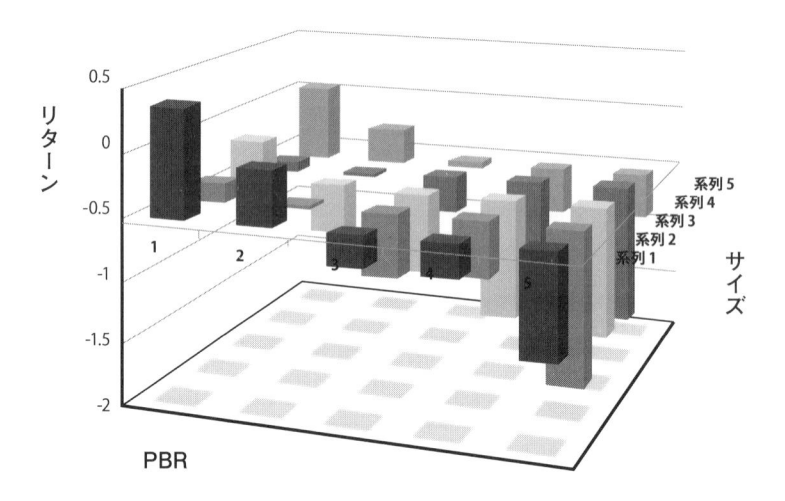

日本市場。1−5はPBR（1が最低、5が最高）、系列1−5はサイズ（1が最小、5が最大）。1989年〜2010年（E. Fama, K. French, Value versus Growth: The International Evidence, The Journal of Finance, 1975〜1999, 53, 1998）

　次は、グローバル市場でのモメンタムとサイズ別の超過リターンを見ます。
　次ページの上の図を見るとわかるように、モメンタムが強いグループ1ほど超過リターンの良いことがわかります。このモメンタム効果と小型株効果は非常に顕著です。また、小型株（系列1）でモメンタム効果はより顕著です。
　米国にも同様の傾向が見られます（次ページの下の図）。

◆グローバル市場でのモメンタムおよびサイズとリターンの関係　※グループ４

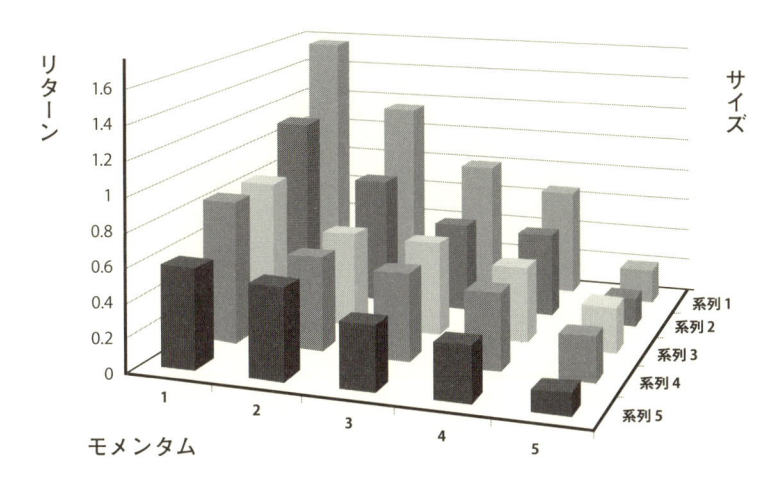

グローバル市場。1－5はモメンタム（1が最高、5が最低）、系列1－5はサイズ（1が最小、5が最大）。1989年～2010年（E. Fama, K. French, Value versus Growth: The International Evidence, The Journal of Finance, 1975～1999, 53, 1998）

◆米国市場でのモメンタムおよびサイズとリターンの関係　※グループ５

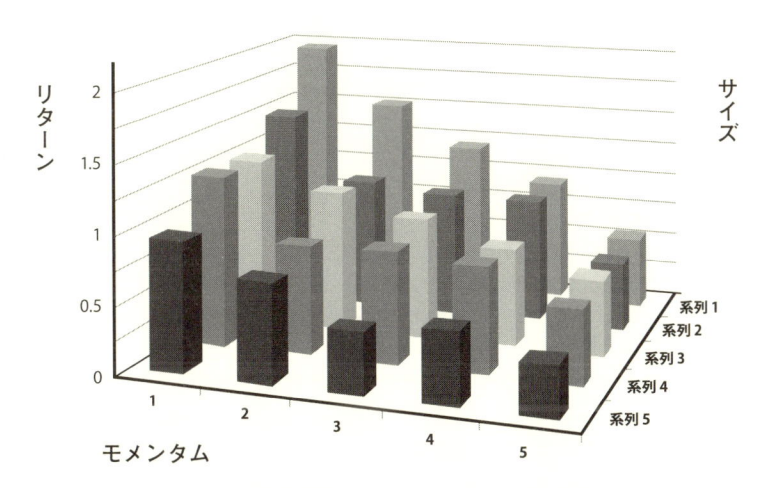

米国市場。1－5はモメンタム（1が最高、5が最低）、系列1－5はサイズ（1が最小、5が最大）。1989年～2010年（E. Fama, K. French, Value versus Growth: The International Evidence, The Journal of Finance, 1975～1999, 53, 1998）

一方、日本株は特異なパターンを示します。モメンタムは全く認められません（見やすくするため、サイズの配列はグローバル市場、米国市場と逆にしています）。

◆日本市場でのモメンタムおよびサイズとリターンの関係　※グループ６

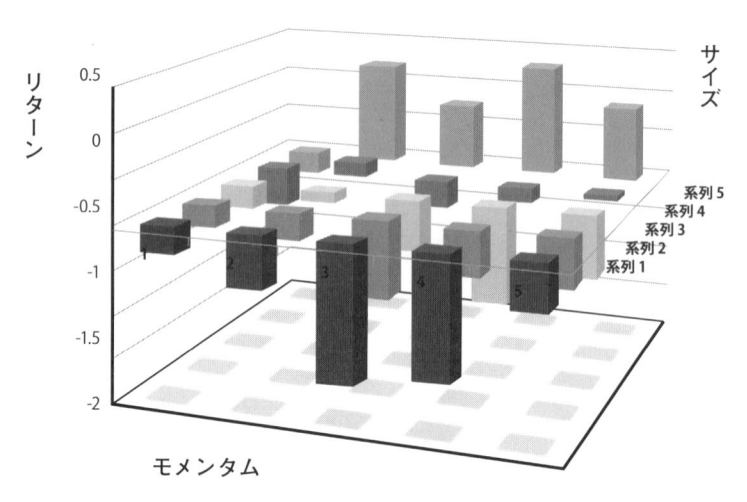

日本市場。1－5はモメンタム（1が最高、5が最低）、系列1－5はサイズ（1が最大、5が最小）。1989年～2010年。(E. Fama, K. French, Value versus Growth: The International Evidence, The Journal of Finance, 1975～1999, 53, 1998)

　つまり、日本以外では、小型株かつ高PBR銘柄の超過リターンは悪く、低PBR銘柄においては、小型株の超過リターンは大型株より良好でした。日本以外では、バリュー株効果は、特に小型株で顕著でした。バリュー効果については日本を含めて全地域で、大型株から小型株に至るまで認められました。

　モメンタムに関しては、日本株では、小型株から大型株に至るまですべてのサイズで、認められませんでしたが、**それ以外の地域では、すべてのサイズで明らかにモメンタムが認められました。**
　また、低モメンタム銘柄では小型株効果は認められませんでしたが、

高モメンタム銘柄では小型株効果が著明でした。

ホウ（Hou）は、先進国・新興国の49ヶ国の26,000銘柄を対象に、1981年から2003年までのデータで、時価総額、PBR、PER、PCFR（株価キャッシュフロー比率）、配当利回り、モメンタム（過去6ヶ月の株価リターン）と株価の超過リターンの関係を調べました。小型株を含み、全世界の株式市場の時価総額の95％を占めます。1ヶ月ごとにリバランスします。リターンは米ドルに換算します。

サイズ、PBR、PER、PCFR、配当利回り、モメンタムのすべてで、株価リターンとの関係が確認されました。つまり、小型株、低PER、低PCFR、高配当、プラスのモメンタムほど、株価の超過リターンは良くなります。

◆サイズ（時価総額）

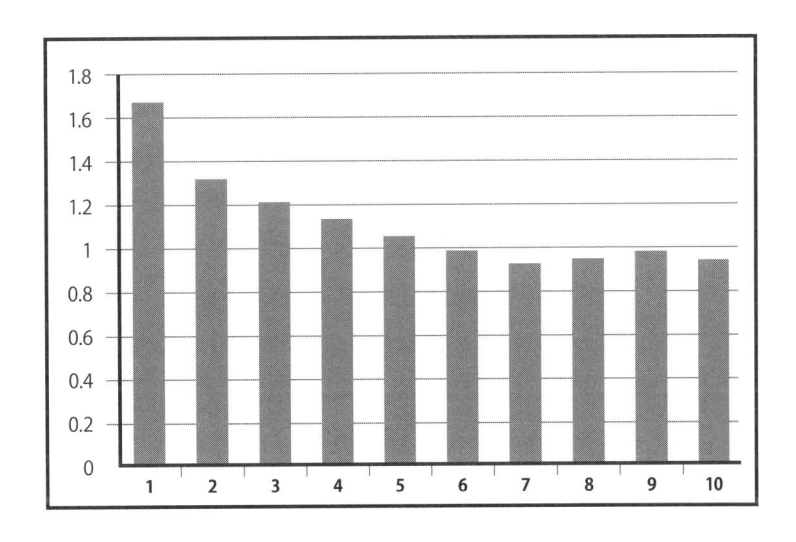

先進国・新興国の49ヶ国。サイズは1が最小、10が最大。1981年〜2003年。（K. Hou, What Factors Drive Global Stock Returns? Rev. Financ. Stud. 2527-2574. 24, 2011）

◆ PBR

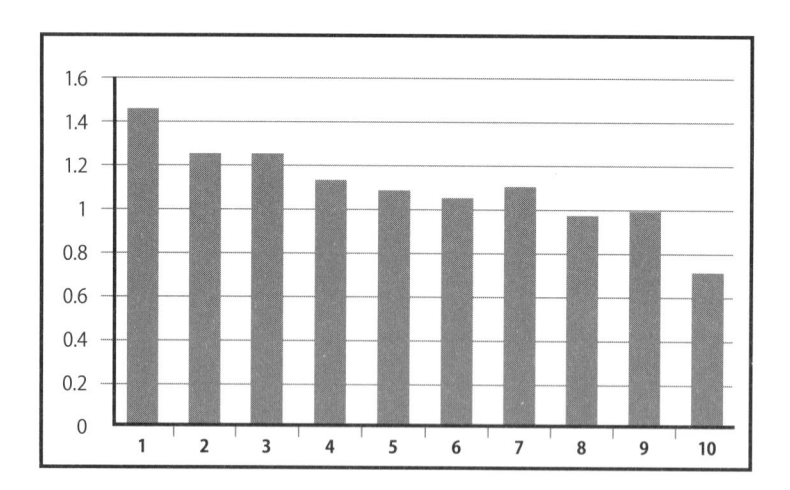

先進国・新興国の 49 ヶ国。PBR は 1 が最小、10 が最大。1981 年～ 2003 年（K. Hou, What Factors Drive Global Stock Returns? Rev. Financ. Stud. 2527-2574. 24, 2011）

◆ PER

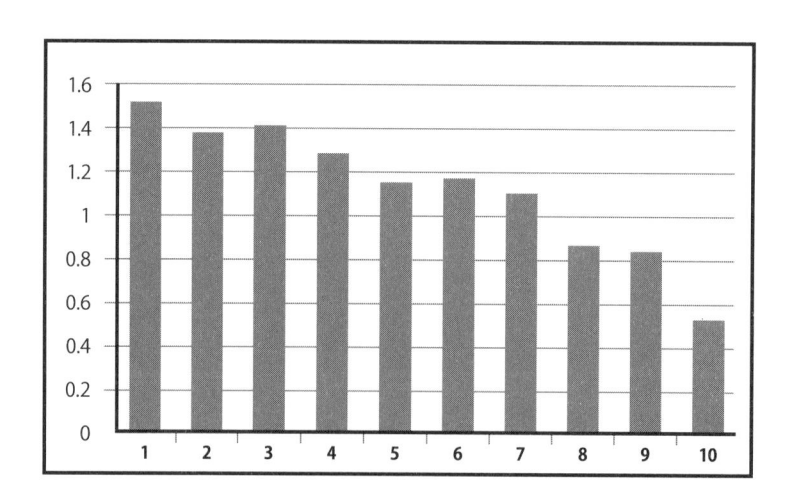

先進国・新興国の 49 ヶ国。PER は 1 が最小、10 が最大。1981 年～ 2003 年（K. Hou, What Factors Drive Global Stock Returns? Rev. Financ. Stud. 2527-2574. 24, 2011）

◆ PCFR

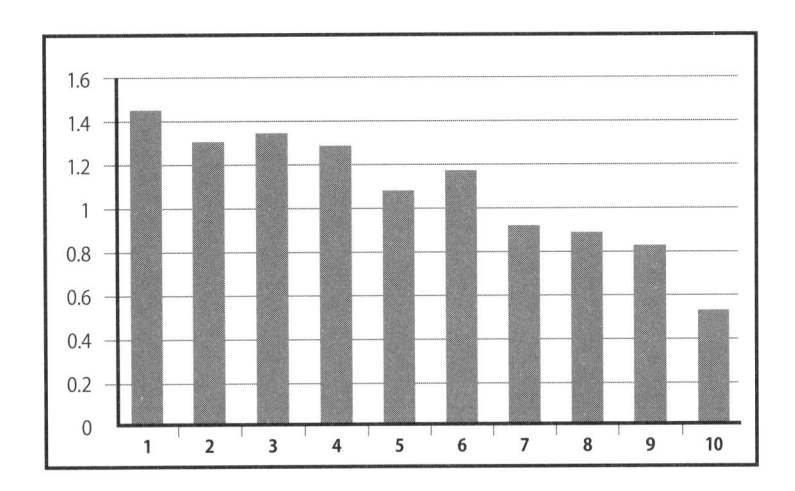

先進国・新興国の 49 ヶ国。PCFR は 1 が最小、10 が最大。1981 年〜 2003 年（K. Hou, What Factors Drive Global Stock Returns? Rev. Financ. Stud. 2527-2574. 24, 2011）

◆配当利回り

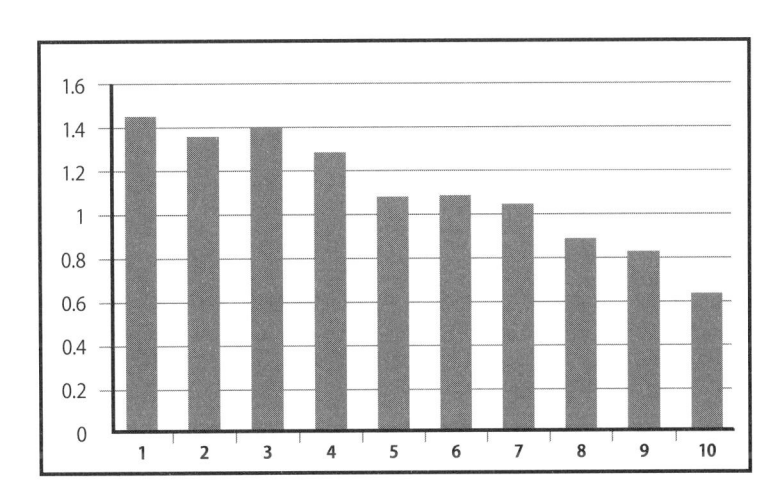

先進国・新興国の 49 ヶ国。配当利回りは 1 が最大、10 が最小。1981 年〜 2003 年（K. Hou, What Factors Drive Global Stock Returns? Rev. Financ. Stud. 2527-2574. 24, 2011）

◆モメンタム

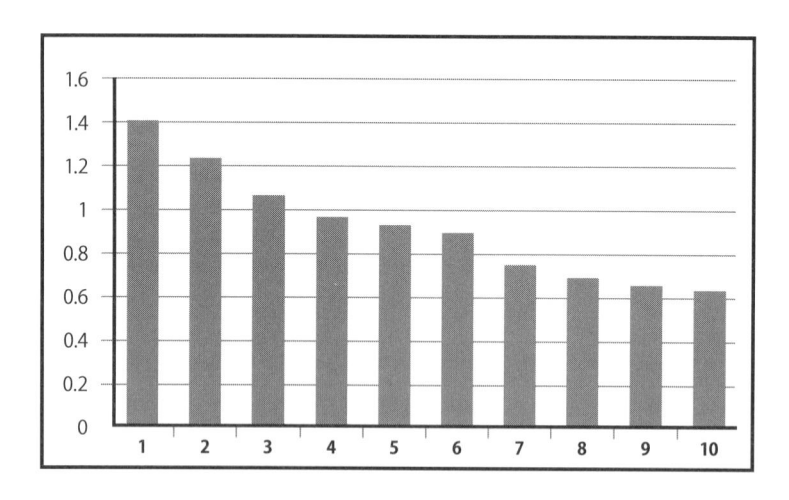

先進国・新興国の49ヶ国。モメンタムは1が最大、10が最小。1981年～2003年（K. Hou, What Factors Drive Global Stock Returns? Rev. Financ. Stud. 2527-2574. 24, 2011）

　アスネスは、米国、イギリス、大陸ヨーロッパ、日本の4つの市場で、1972年から2011年までのデータで調べました。対象企業は、流動性を考慮して、時価総額が全市場の90％を占める上位銘柄で、米国は17％、イギリスは13％、大陸ヨーロッパは20％、日本は26％の会社が含まれています。小型株は入っていません。リターンは米ドルに換算します。
　その結果、やはり日本以外では、PBR効果、モメンタムは認められましたが、日本株ではモメンタムは認められませんでした（図表は省略）。

2　ボラティリティ・パズル

　証券投資理論では、ボラティリティが高い（標準偏差が大きい）銘柄ほど将来のリターンが高いことが期待されます。しかし、実際には、ボラティリティが高い銘柄ほど将来リターンが低い傾向にあります。これを「ボラティリティ・パズル」と言います。

　低ボラティリティ銘柄へ投資する方法は、リーマン・ショック後、改めて見直されていますが、その概念自体は新しいものではありません。後にノーベル賞をもらったマルコヴィッツが、1952年に、2つ以上の資産を組み合わせれば、相関係数が1でない限り、ポートフォリオの分散は必ず元の資産の分散の加重平均より低くなることを示しました。

　一般に、ほとんどの銘柄間の相関係数は1と0の間で、様々な値を取ります。したがって、多くの銘柄を組み入れたポートフォリオの標準偏差は、個々の組み入れ銘柄の組み入れ比率で加重したものの平均値よりもかなり小さくなります。

　また、個別銘柄については、低ボラティリティ銘柄のリターンが良いことが1970年代に示されています。その後も、これに関しては多くのエビデンスがあります。

　株式ポートフォリオのボラティリティは、βと関係するので、低ボラティリティ銘柄のリターンが高ボラティリティ銘柄のそれより良いという事実は、CAPMと相容れません。そこで、ファーマとフレンチは、低ボラティリティ銘柄のリターンが良いのは、それらがバリュー株で、小型株である傾向にあるからだと説明しようとしました。前述したように、株式のリターンを説明するファクター・モデルとして、ファーマ＝フレンチの3ファクター・モデルは、米国市場を中心とした実証研究の結果から強い支持を得ていますが、これ以外のファクターとして、モメンタムやリバーサル、流動性、銘柄固有ボラティリティに関するファクターの有効性が報告されています。そのうちモメンタムは

後にカハートによって4ファクター・モデルとして確立されました。

リバーサル、流動性、銘柄固有ボラティリティのファクターは確立されているとは言えませんが、ここでは銘柄固有ボラティリティを少し見てみましょう。

銘柄固有ボラティリティとは、ファーマ=フレンチの3ファクター・モデルでは説明できない誤差項のボラティリティ（標準偏差）です。つまり、銘柄固有ボラティリティは3ファクター・モデルの誤差項の変動の大きさを意味し、銘柄固有のリスクの大きさを測る尺度になります。

アングは、銘柄固有ボラティリティが高い銘柄ほど、その後のリターンが有意に低いことを実証しました。これは、サイズ（企業規模）やβで調整した後でも、**高銘柄固有ボラティリティ銘柄ほど、将来のリターンが有意に低くなっていました**（次ページの上の図）。

これに対して、フ（Fu）やハング（Hung）は、高銘柄固有ボラティリティ銘柄の低リターンはリターン・リバーサルを見ているに過ぎないと反論しています。

従来のトータル・ボラティリティについても、ボラティリティが低いほどその後のリターンが良いとされています。日本株での研究ですが、岩永は、過去60ヶ月のボラティリティで5グループに分け、毎月リバランスし、ボラティリティと株価リターンの関係を調べました（次ページの下の図）。

次に、彼は低ボラティリティ・ポートフォリオをロングし、高ボラティリティ・ポートフォリオをショートして、ロングショート・ポートフォリオを作り、そのリターンとファーマ=フレンチの3ファクター・モデルのリターンとの相関係数を調べます。

これによると、VOL（低ボラティリティ・ポートフォリオの月次リターン−高ボラティリティ・ポートフォリオの月次リターン）のリターンは、HML（低PBRポートフォリオ−高PBRポートフォリオの月次リターン）とは相関関係は弱いですが、MKT（市場ポート

◆銘柄固有ボラティリティおよびサイズとリターンの関係

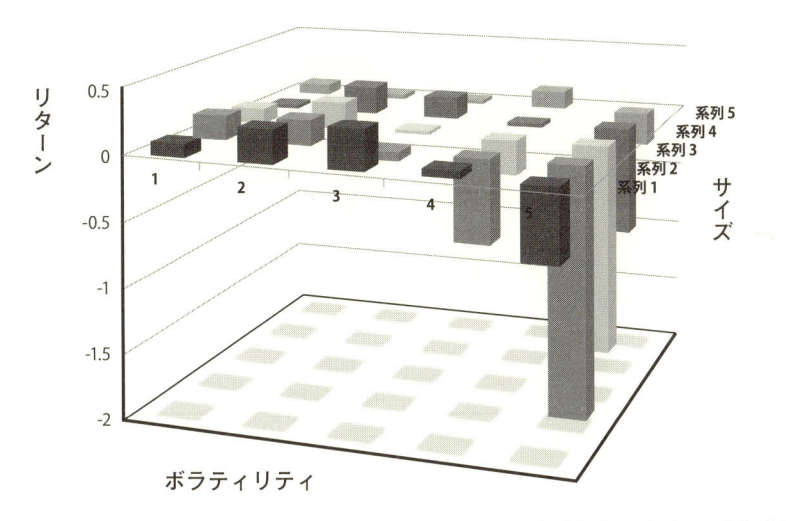

1－5は銘柄固有ボラティリティ。1が最低、5が最高。系列1－5はサイズ（企業規模）。1が最小、5が最大。毎月リバランス。NYSEのみ対象。1963～2000年（A. Ang, R. Hodrick, et al, The Cross-section of Volatility and expected Returns, The Journal of Finance, 61, 259-299, 2006）

◆ボラティリティ

ボラティリティは1が最高、5が最低。東証1部銘柄。1984～2011年（岩永安浩, 投資家センチメントとボラティリティ効果、http://www.smtb.jp/business/pension/information/center/operation/pdf/07_04_35_26.pdf））

フォリオの短期金利に対する月次の超過リターン）と SMB（小型株ポートフォリオ－大型株ポートフォリオの月次リターン）とは 0.5 以上の相関係数があるとわかります。HML（低 PBR ポートフォリオ－高 PBR ポートフォリオの月次リターン）との相関はほとんどありません。つまり、低ボラティリティ効果の一部は小型株効果である可能性があるようです（下の表参照）。

◆ボラティリティとほかのファクターとの相関関係

	VOL	MKT	HML	SMB
VOL	1	0.53	0.08	0.52
MKT		1	-0.17	0.13
HML			1	0.18
SMB				1

では、なぜ低ボラティリティ銘柄への投資は、最近まであまり注目されてこなかったのでしょうか？

一般的に、低ボラティリティ銘柄は上昇相場では相対的にリターンが悪く、下降相場でリターンが良くなります。そのため、ここしばらくの間米国株式は比較的強気相場だったことを理由に、低ボラティリティ銘柄は注目されなかったのです。しかし、ドット・コム・バブルの崩壊、リーマン・ショックなどボラティリティの大きい相場が続くようになり、最近改めて注目されるようになったようです。

ボラティリティが高い銘柄ほど将来リターンが低い傾向にある理由について、ツアングは「ボラティリティの高い銘柄は投資家やアナリストから注目が集まり、将来の業績が強気に予想される傾向にある分、株価は割高になり、業績予想が達成できなかった時に、株価が下落することで低ボラティリティ効果が説明できる」としています。

ベイカーは、個人投資家は非合理的にボラティリティが高い銘柄を

好む傾向にあるためボラティリティが高い銘柄は割高に買われる一方で、機関投資家はベンチマークに対するトラッキングエラーを大きくしない運用に縛られ、割高なこれらの銘柄を十分に売ることができないためと説明しています。したがって、投資家にはベンチマークに縛られない運用、つまりインフォメーション・レシオではなく、シャープ・レシオを最大化するような、低ボラティリティ戦略を勧めています。

3　バリュー株効果とリスク

バリュー株効果は、今まで多くの研究で、ほぼ一貫した結果が得られています。PBRが最高の50銘柄と最低の50銘柄について、全銘柄と大型株の場合に分けて調べたのが下の表です。

◆バリュー株のリターンとリスク

	全銘柄	全銘柄・低PBR 50	全銘柄・高PBR 50
平均値（算術平均）	14.8%	19.4%	11.6%
平均値（幾何平均）	13.0%	16.0%	8.5%
中央値	16.8%	16.2%	14.5%
標準偏差	20.1%	30.1%	32.7%
ダウンサイド・リスク	7.2%	8.0%	16.6%
シャープ・レシオ	0.46	0.46	0.19

	大型株	大型株・低PBR 50	大型株・高PBR 50
平均値（算術平均）	13.0%	16.9%	13.2%
平均値（幾何平均）	11.7%	14.9%	9.7%
中央値	15.8%	17.6%	11.2%
標準偏差	16.8%	21.6%	28.3%
ダウンサイド・リスク	5.9%	6.8%	12.4%
シャープ・レシオ	0.45	0.53	0.28

米国株。全銘柄は時価総額が18.5百万ドル以上の企業。大型株は時価総額が全銘柄の平均以上の企業で、全銘柄の中の上位15％。1年ごとにリバランス。年率リターン（％）。1951年～2003年（J. O'Shaughnessy, "What works on Wall Street", McGraw-Hill、2005）

全銘柄で低PBR銘柄の中央値は全銘柄全体より低いのに対し、大型株・低PBR銘柄の中央値は大型株全体のそれより高くなっていることから、大型株・低PBR銘柄のリターンは比較的安定的であることがわかります。

　ダウンサイド・リスクは、モーニングスター社が最初に導入した概念で、「多くの投資家が恐れているのは、投下資金を失うことであり、90日物の米国短期国債の金利さえ確保できないことこそがリスクである」と考えて、ダウンサイド・リスクを定義しました。具体的には、「目標収益率を下回った各期間の収益率と目標［収益率（米国短期国債の利率）の差の2乗の合計を、目標収益率を下回った期間数で割った数値の平方根」で、投資家が普通考えるリスクの概念（投下資金の損失）に近いものです。

　では、低PBR銘柄のリターンのよさがリスクのせいであるかどうかを全銘柄、大型株別に見ていきましょう。

　全銘柄、大型株のいずれにおいても、低PBR銘柄は標準偏差、ダウンサイド・リスクがいずれも全銘柄全体、大型株全体より高くなっていますが、シャープ・レシオでは、大型株・低PBR銘柄は0.53と大型株全体の0.45より高くなっています。低PBR銘柄は標準偏差、ダウンサイド・リスクがやや大きくなっていますが、やはり大型株のほうが安定的であることがわかります。

　一方、高PBR銘柄は標準偏差、ダウンサイド・リスクがいずれも非常に高く、シャープ・レシオは非常に低くなっています。このことから、高PBR銘柄は極めてリターンが悪く、しかもリスクが高いことがわかります。

　この結果からは、低PBR銘柄のリターンが良く、高PBR銘柄のリターンが悪いのは、リスクの大きさの違いによるという従来のファイナンス理論とは、相容れないように思われます。

4 バリュー株効果の行動ファイナンスからの説明

では、低 PBR 銘柄のリターンが良く、高 PBR 銘柄のリターンが悪いのはなぜでしょうか？

グリフィンは、これを行動ファイナンスの観点から説明しました。まず、銘柄を PBR と O-score という財務リスクを定量化した指標で分類し、そのリターンを見てみましょう。

O-score（※6）は、もともとは倒産リスクや不振リスクなど、デフォルトやクレジットに関するリスクの定量化のために計算されたモデルです。数値が低いほど財務不振に陥る可能性が低いことを示します。運転資本÷総資産、有利子負債÷総資産、予想純利益÷総資産、予想経常利益÷負債（ROD）などが、O-score を計算するために使われます。

O-score が 5 の高ディストレス・リスク銘柄において、低 PBR 効果（低 PBR 銘柄と高 PBR 銘柄のリターンの差）は最大になっています。高 O-score・高 PBR 銘柄の異常なリターンの悪さが際立っています（下の図）。

◆ O-score、PBR とリターンの関係

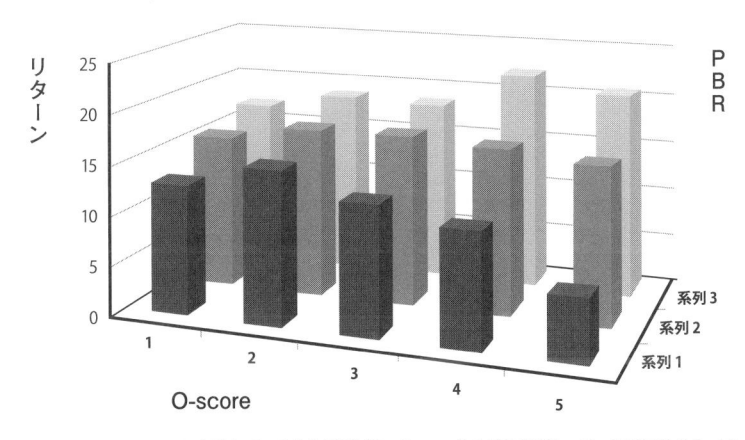

NYSE、NASDAQ、AMEX に上場している全銘柄が対象。O-score は 1 が最低グループ、5 が最高グループ。PBR は系列 1 が最高グループ、系列 3 が最低グループ。1965 年〜1996 年（J. Griffin, M. Lemmon, Does Book-to-Market Equity Proxy for Distress or Overreaction? The Journal of Finance, 2317-2336, 57, 2002）

高O-score・高PBR銘柄はなぜリターンが悪いのでしょうか？それは、株価がミス・プライシングされている可能性があるからです。倒産確率を実際に見ると、高O-scoreの銘柄ではPBRが高いほど倒産確率も高くなります。この結果から、低PBR銘柄の高いリターンの源泉は、「低い利益水準」「高い財務レバレッジ」「高い将来の不確実性」「高い減配の可能性」など、ディストレス・リスクに起因するリスクプレミアムであるという伝統的ファイナンスの説明は必ずしも正しくないように思われます。実際には、高PBR銘柄のほうが、ディストレス・リスクは高いのです（下の図）。

◆ O-score、PBRと倒産の関係

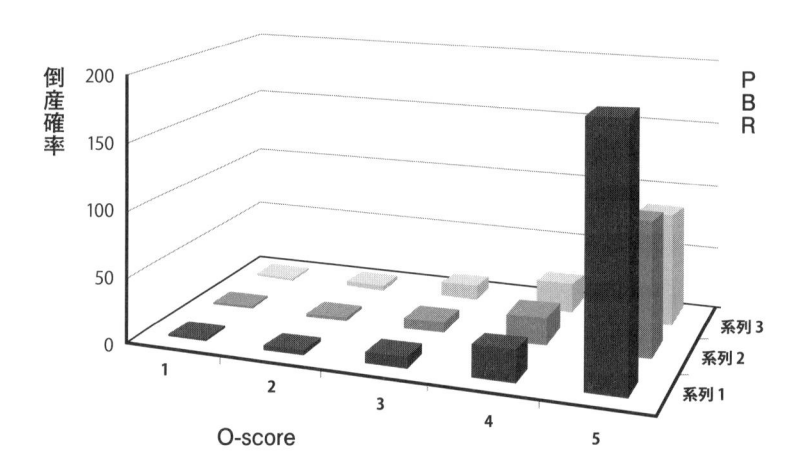

NYSE、NASDAQ、AMEXに上場している全銘柄を対象。O-score（1－5）、PBR（系列1－3）別に分類し倒産に陥る率を調べたもの。O-scoreは1が最少グループ、5が最大グループ。PBRは系列1が最高グループ、系列3が最低グループ。1965年〜1996年（J. Griffin, M. Lemmon, Does Book-to-Market Equity Proxy for Distress or Overreaction? The Journal of Finance, 2317-2336, 57, 2002）

つまり、PBR に関係なく O-score が高いほど倒産確率も高いこと、高 O-score の銘柄においては PBR が高いほど倒産確率も高くなることが明らかです。

では、高 O-score・高 PBR 銘柄がなぜミスプライシングされるのでしょうか？

それを調べるために、各銘柄グループのファンダメンタル、株価の動きなどを見てみます。全体的に、高 PBR 銘柄は成長株で過去の利益成長率が高いのですが、その中で、最もディストレス・リスクの高い O-score が「5」の高 PBR 銘柄のみ、O-score が「1」から「4」までの高 PBR 銘柄に比べて利益成長率が非常に低いことがわかります。つまり、投資家は、高 O-score・高 PBR 銘柄を、それ以外の高 PBR 銘柄と同様に利益成長率の高い企業であると誤認してしまい、あるいは成長期待が高過ぎるため投資家は、足元の業績悪化を一時的なものと思い込んでしまい、自信過剰バイアスのせいで間違った値付け（ミスプライシング）をしている可能性が考えられます。

過去の株価のパフォーマンスを見ると、高 PBR 銘柄は、O-score と関係なく、どれも 36 ヶ月前と比べると倍以上に急騰しています。急騰した結果、高 PBR になったということもできますが、やがて投資家はこの誤認あるいは根拠なき過信に気づき、株価は暴落します（次ページの表参照）。

高 PBR 銘柄、特に高 O-score・高 PBR 銘柄のリターンが悪いことは明らかです。個人投資家としては、これらの銘柄を避けるのは当然ですが、では低 PBR 銘柄のどれを選べばいいのでしょうか？

しかし、次ページの上段の表からは、O-score は、低 PBR 銘柄のさらなる選別にはあまり役に立たないように見えます。

結論としては、「（1）低 PBR 銘柄からなるポートフォリオを保有

する戦略」、もしくは「（2）高 O-score・高 PBR 銘柄からなるポートフォリオをショートする戦略」がよいかもしれません。

（A）PBR　O-score別に見た年間リターン

O-score	低PBR	中PBR	高PBR	低PBR − 高PBR
1 (low)	17.2	15.8	13.3	3.9
2	18.8	17.3	15.6	3.3
3	18.5	17.4	13.1	5.5
4	22.2	16.8	11.6	10.6
5 (high)	20.8	16.0	6.4	14.4
5 (high) − 1 (low)	3.6	0.2	−6.9	

（B）2期前および前期の利益成長率

O-score	低PBR		中PBR		高PBR	
	2期前	前期	2期前	前期	2期前	前期
1 (low)	7.5	8.8	13.6	15.1	23.1	29.1
2	6.7	7.8	13.1	14.8	28.0	27.9
3	7.7	7.2	13.2	14.6	19.7	27.1
4	7.9	3.1	12.8	12.1	17.9	22.3
5 (high)	4.1	−24.5	6.2	−16.0	−1.6	−11.0

（C）12ヶ月前と36ヶ月前からの株価リターン

O-score	低PBR		中PBR		高PBR	
	12ヶ月前	36ヶ月前	12ヶ月前	36ヶ月前	12ヶ月前	36ヶ月前
1 (low)	8.9	22.5	13.1	48.9	24.7	121.0
2	11.3	24.1	16.7	57.8	30.6	132.2
3	9.7	20.7	17.5	58.9	32.4	140.0
4	8.9	12.4	18.6	55.6	32.1	132.1
5 (high)	0.8	−12.1	12.1	29.3	36.1	107.7

NYSE、NASDAQ、AMEX に上場している企業が対象（金融を除く）。企業サイズ調整済み。1965年～1996年（J.Griffin and Lennon. "Does book-to ,arket equity proxy for distress risk or overreaction?" ,Journal of Finance,2002）

5　小型株効果は亀の卵

ネッズは、小型株効果が、非常に数少ない銘柄の飛び抜けたリターンであることを示しました。

◆サイズ、PBRとリターンの関係

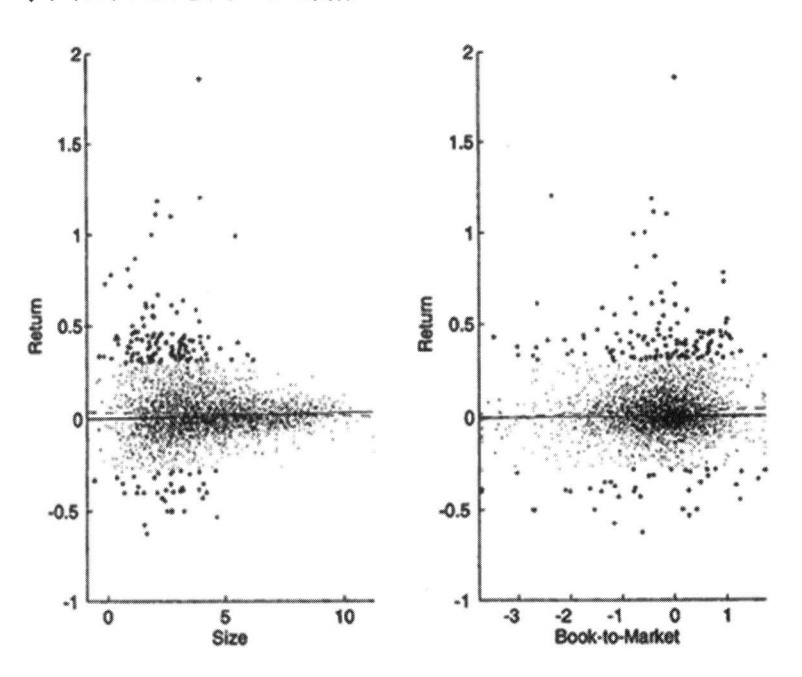

1989年3月の小型株とPBRの、1ヶ月後のリターンとの関係。＋の点は、調整最小二乗法（※7）で刈り取られた銘柄。直線は回帰直線（P. Knez, M. Ready, On The Robustness of Size and Book-to-Market in Cross-Sectional Regressions, 1355〜1382, 52, 1997）

　各月のリターン上位の1％を刈り取ってしまうと、小型株効果が完全に消失（実際には反転）します。小型株効果は、大部分のマイナスのリターンの銘柄と、数少ない銘柄（全体の1％）の飛び抜けたリターンの合計の結果、プラスのリターンが観察されるのです。たった1％の銘柄を選び出すのは、どんなに優れたファンドマネージャーにも無

理な注文です。つまり、勝つための戦略は、「亀の卵」を全部持つことです。

しかも、**小型株効果は観察した30年以上の期間のうちのたったの16ヶ月のリターンで、説明がついてしまう**のです。一般的に、タイミング戦略は無効なことは広く知られていますが、改めてタイミング戦略が無効であることを認識させます。小型株効果を享受するためには、すべての小型株を常に持つことが必要なのです。

6 アノマリーの有効性の低下

コルディア（Chordia）は、1976年から2001年までの米国株を対象に、時価総額、PBR、株式回転率、R1（過去1ヶ月のリターン）、R212（先月までの過去11ヶ月のリターン）、流動性、ACC（アクルーアル ※8）、資産成長率、IVOL（Idiosyncratic volatility）、利益率、SUE（Standardized unexpected return ※9）などのアノマリーを確認しました。

その結果、近年、時価総額（小型株効果）、株式回転率、R1（過去1ヶ月のリターン）、R212（先月までの過去11ヶ月のリターン）、流動性、ACC（アクルーアル）のファクターの有効性については、有意に低下していたことがわかりました。これらのアノマリーが解消されつつある原因として、取引コストが劇的に安くなり、多くの投資家がアノマリーを利用して投資を行うようになったことが考えられます。

一方、PBR、IVOL（Idiosyncratic volatility）、資産成長率、利益率、SUE（Standardized unexpected return）は、近年もその有効性は有意には低下していません。

また、マックリーンは、1972年から2011年までの間に学術誌で発表されたリターンを予見する82の特性（ファクター）、論文のサンプル（銘柄）以外の銘柄について、論文発表前のリターンと発表後のリ

ターンを比較しました。その結果、論文発表後35％ほどリターンが落ちると推定しました。

　論文発表後、その特性（ファクター）の一致する銘柄の取引高が増えることなどから、それは論文を読んだ投資家がその特性（ファクター）を利用して投資を行った結果、ミスプライシングが解消されたことによるものと考えられますが、裁定取引のコストが高いことから、ミスプライシングの解消は完全ではなく、限定的です。

　小型株効果については、近年は有効性が低下していますが、上記のように今までも機能しない時期のほうが圧倒的に多いので、長期的には機能しているものと思われます。

【第2章の註】

※4　PEAD（35ページ）
決算発表後も、増益（減益）企業の株価の上昇（下落）が長期にわたって続く現象

※5　HML（46ページ）
株価純資産倍率（PBR）の逆数（B/M）を用いているため、バリュー株のリターンからグロース株のリターンを引いたものが high minus low となっている

※6　O-score（65ページ）
O-score=-1.32-0.407log（総資産）+ 6.03（負債合計／総資産）− 1.43（流動資産／総資産）+0.076（流動負債／流動資産）− 1.72m − 2.37（純利益／総資産）− 1.83（営業活動による資金／負債合計）+ 0.285 n − 0.521 [（今期予想純利益−前期純利益）／（今期予想純利益の絶対値+前期純利益の絶対値）]、ただし、m：負債合計＞総資産ならば1、それ以外なら0、n：過去2年間に純損失があるならば1、それ以外なら0

※7　調整最小二乗法（69ページ）
はずれ値の影響を受けないように前処置された最小二乗法

※8　ACC（70ページ）
会計発生高のこと。（当期純利益＋特別損失−特別利益）−営業キャッシュフロー

※9　SUE（70ページ）
決算発表後も、増益（減益）企業の株価の上昇（下落）が長期にわたっ

て続く現象

第1部

第3章

様々な株式投資法

1　ファンダメンタル分析

本節で学ぶこと

◎ファンダメンタル分析は実に危うく、難しいものであること。仮定が少し違うだけで理論株価は何倍にも違ってしまう
◎ファンダメンタル分析の方法を説明した本をいくら読んでも株式投資がうまくなることはない
◎ファンドマネージャーの実力は実際にどれくらいあるかを検証して明らかになったことは、スキルのあるファンドマネージャーはいるとしても全体の数％ぐらいしかいないということ

1　株式価値評価

　プロは基本的には、ファンダメンタル分析で投資をします。ファンダメンタル分析とは、企業の内在価値を財務諸表や会社訪問などから推定し、株価が内在価値より安ければ、「割安」と判断し、その株式を買い、逆に株価が内在価値より高ければ、「割高」と判断し、その株式を持っていれば売ります。

　内在価値を求めるには、将来にわたる1株あたりの予想配当を現在価値に割り引いて合計する割引配当モデルと、直近の予想1株あたり利益に「妥当なPER」をかけて適正株価を求める方法があります。

しかし、後で述べますが、この２つに本質的な違いはありません。

理論的には、内在価値は、株式への投資から得られる将来のキャッシュフローを現在価値に割り引き、それを合計したものに等しくなります。株主が得るキャッシュフローは配当なので、現在の株価P0は、将来の各期の配当Diを、投資のリスクに見合う割引率kを用いて現在価値に換え、それらを合計して得られる数字です。

割引率とは、将来の価値を「現在の価値に割り引く」ということです。例えば、あなたが１週間の休暇を取ろうと考えていたとします。しかし、今は会社にとって大事な時期なので、６年後まで待ってほしいと言われたとします。あなたは６年待ってわずか１週間の休みでは割に合わないと思うでしょう。当然です。では、６年後に何週間だったら、割に合うと思いますか？　もし、２週間ならよいと考えるなら、あなたは割引率を12％と計算したことになります。（1＋0.12）の6乗＝1.97だからです。割引率は「要求リターン」と見ることもできます。株式の場合も同様に考えます。「割引率＝無リスク金利＋リスクプレミアム」になるので、リスクが高いと思う株式に対しては、投資家は高い割引率を要求します。

株価は将来得られる配当を現在価値に割り引いたものの合計です。１年後に受け取る配当D1は現在価値に直すと、D1／（1－k）です。２年後に受け取る配当D2は現在価値に直すと、「D2／（1－k）」の２乗です。現在の妥当株価（P0）はこれらの合計と考えますから、式で表すと、下記のようになります。

$$P0 = D1/(1-k) + D2/(1-k)^2 + D3/(1-k)^3 + \cdots\cdots$$

現時点で、将来の配当を予測することは難しいので、配当の成長率は一定として、それをgとし、配当は永久に支払われるとします。さらに割引率は配当より大きい（k>g）とします。すると、上の式は次のようになります。

$$P0 = D0(1+g)/(1-k) + D0(1+g)^2/(1-k)^2 + D0(1+g)^3/(1-k)^3 + \cdots$$

さらに等比数列の和ですから、

$$P0 = D0(1+g)/(k-g) \quad \text{または} \quad P0 = D1/(k-g)$$

と、きわめて簡単な形に変形できます。すなわち、現在の株価は、今期の予想配当、配当成長率、割引率がわかれば、計算できることになります。なお、この式から割引率kを求めると、

$$k = D1/P0 + g$$

D1/P0 は配当利回りですから、

割引率（要求リターン）＝配当利回り＋配当成長率

になります。これをゴードンモデルと言います。これは、個別銘柄で、あるいは短期的に見ると、当てはまらない場合も多いのですが、長期的に期待できるマーケット・リターンは、配当利回り＋配当成長率であることを表しています。また、配当性向を $d=D1/E1$ とすると、

$$P0 = D1/(k-g) = E1 \times d/(k-g)$$

となり、両辺を $E1$ で割ると、

$$P0/E1 = d/(k-g)$$

となります。「妥当な PER（P0/E1）」は、配当性向（d）を、割引率（k）から配当成長率（g）を引いた数で割った値となります。なお、企業が配当を払わないで利益を内部留保した場合も、それだけ企業の価値が高くなるので、同じことです。

さて、ファンダメンタル分析をする人はここからが勝負です。例えば、今期の予想配当が1株あたり20円の時、割引率 $k=8\%$、配当成長率 $g=7\%$ とすると、妥当株価は 2,000 ［$=20/(0.08-0.07)$］円になります。もし、割引率 $k=10\%$、配当成長率 $g=5\%$ と考えれば、妥当株価は 400 ［$=20/(0.10-0.05)$］円になります。しかし、この企業の業績は先行き不安だと思って割引率12％を要求し、配当成長率も低いだろうと予想して2％とすれば、妥当株価は 200 ［$=20/(0.12-0.02)$］円になり、10倍も違ってしまいます。このように、

妥当株価は、割引率と将来の配当成長率をどう考えるかで、全く違う結果になってしまいます。

割引率を何％にするか、配当成長率を何％にするかはきわめて難しい問題です。妥当PERについても同じです。妥当PERをその銘柄の過去の平均PERやその業種の平均PERから推定する投資家もいますが、根拠に乏しく、安易と言わざるを得ません。

個人投資家の競争相手は、プロです。財務諸表など公開されている情報は、当然知っています。アナリストは企業訪問などを通じて、おそらく個人投資家であるあなたよりもその企業についての情報を多く持っているでしょう。そのようなプロを相手に個人投資家が勝つのが難しいことは容易に想像されます。

それでも、ファンダメンタル分析が（今の本業より）好きな方は、プロになることをお勧めします。自分が好きな仕事ができ、時間も十分あり、個人投資家では入手できない情報も得ることが可能でしょう。とくに、外資系証券会社では採用は通期で行っている場合が多く、日本の会社のように「新卒」と「中途採用」という区別（差別？）はないので、才能さえあれば、転職には最適だと思います。

2　ファンド(ポートフォリオ)のパフォーマンスの比較はどう行うか？

パフォーマンスは、リターンとリスクの2つの面から考えます。同じリターンをあげた2つのファンドがあっても、片方が大きなリスクをとった結果であれば、それは優れたファンドではありません。

パフォーマンスの測定尺度は様々なものが使われています。代表的なものとして、シャープ・レシオとソルティノ・レシオ、α（アルファ）を簡単に紹介します。

◎シャープ・レシオ

シャープ・レシオは、1966年、投資信託のパフォーマンスを比較するものとして、ノーベル賞受賞者のウィリアム・シャープによって考案されたものです。これは、分子に測定期間のファンドのリスク調整後リターン［ファンドのリターンから無リスク金利（米国短期国債の利率）を引いたもの］を使い、分母にその期間のリターンの標準偏差を使った指数です。

◎ソルティノ・レシオ

ソルティノ・レシオは、シャープ・レシオの分母を、標準偏差ではなく、下方偏差（無リスク金利などを下回るリターンのみをリスクと考えて、それを上回るリターンはすべて0として算出した標準偏差）を用いた指数です。

◎ α（アルファ）

α（アルファ）は、**ファンドのリスク調整後リターンがベンチマーク（コントロール）を上回ったファンドの付加価値**を表すものです。現在は、α を市場リスク、小型株効果、バリュー株効果の3ファクターにモメンタム効果を加えた「カハートの4ファクター・モデル」を用いた回帰分析から計算するのが一般的です。

このモデルの切片を α として、ファンドの付加価値の計量をします。このアルファの中には、ファンドマネージャーのスキル（銘柄選択能力）のほかに「運（偶然）」も含まれます。

ファンドのリターンは、どの期間を設定するかによって結果がまったく違ってきます。投資信託のパンフレットなどにはそのリターンが最もよく見えるように、恣意的に投資期間を選んでいるものがあるので注意してください。ファンドがインデックスに勝る（劣る）ことを証明するための期間については、ファンドとインデックスのリターン

の差がどれぐらいあるかによって、必要な検証期間は変わります。しかし、数十年という長い期間は、ファンドを運用しているファンドマネージャーの立場からも、ファンドを買う消費者（個人投資家）の観点からも、現実的ではありません。私は、10年以上あれば、ファンドマネージャーの腕は推定できるのではないかと感じています。

$$R_i(t) - RF(t) = a_i + b_i[RM(t) - RF(t)] + s_i SMB(t) + h_i HML(t) + w_i WML(t) + e_i(t)$$

$R_i(t)$：ファンド i の期間 t におけるリターン

$RF(t)$：期間 t における無リスク金利

$a_i(t)$：期間 t におけるファンド i の α（各ファクターで説明できないファンドの付加価値）

b_i：ファンド i の β

$RM(t)$：期間 t におけるマーケット・ポートフォリオのリターン

$SMB(t)$：（期間 t における小型株ポートフォリオの平均リターン）−（大型株ポートフォリオの平均リターン）

$HML(t)$：（期間 t におけるバリュー株ポートフォリオの平均リターン）−（グロース株の平均リターン）

$WML(t)$：（期間 t における過去11ヶ月でのリターンの上位30％の過去1ヶ月間のリターン）−（期間 t における過去11ヶ月でのリターンの下位30％の過去1ヶ月間のリターン）

$e_i(t)$：誤差項

さて、シャープ・レシオ、ソルティノ・レシオ、αのほかにも多くのパフォーマンス測定尺度はありますが、実務的にはαが一番多く使われています。その理由のひとつとして、「シャープ・レシオやソルティノ・レシオは、投資対象が同じファンドの比較には使えても、米国市場と日本市場というようなまったく違う市場で運用されているファンドのファンドマネージャー同士の腕の比較には向いていない」ということが挙げられます。

　例えば、バフェットのバークシャー・ハサウェイ（BRK-A）と、日本の代表的な独立系投資信託であるさわかみファンド（71311998）はどちらが優れたファンドでしょうか？　もちろん、バークシャー・ハサウェイは純粋なファンドではありませんが、両者ともその優れたパフォーマンスで有名になったので、最近のパフォーマンスを少し調べてみましょう。

　なお、独立系投資信託はさわかみファンドのほかにも、結い2101、ひふみ投信、コモンズ30ファンドなど、ここ数年の日本株の堅調さから雨後の筍のように次から次へと新しいファンドが設定されていますが、いずれも設定から日が浅いので、まだファンドマネージャーの腕を評価することはできません。

　まず、バークシャー・ハサウェイとさわかみファンドのパフォーマンスを調べてみます。バークシャー・ハサウェイは2002年1月の値を100とすると、2013年12月までに235.3になりました。12年間で2.353倍に増えたわけです。年率リターンをrとすると、2.352＝（1＋r）の12乗ですから、解くとr=0.0739です。つまり、年率7.39％のリターンになります。

　一方のさわかみファンドは12年間で1.892倍になりました。同様に計算すると、年率5.46％のリターンになります。

　さて、バークシャー・ハサウェイの年率7.39％とさわかみファンドの年率5.46％のリターンとどちらが優れているでしょうか？　もちろん、

リターンの数字を単純に比較してもまったく意味はありません。また、前述のシャープ・レシオ、ソルティノ・レシオも適した指標ではありません。バークシャー・ハサウェイは主に米国市場、さわかみファンドは日本市場に投資していて、投資対象がまったく違うからです。リンゴとミカンは比べられないのです。でも、平均的なリンゴやミカンと比べて、どちらがよりおいしいかなら言えるかもしれません。

そのためには、コントロール（比較対照群）の設定が必須です。バークシャー・ハサウェイの投資対象は米国の大型株が多いので、コントロールはS&P 500（配当込み）にします。さわかみファンドのコントロールはTOPIX（配当込み）にします。また、学術誌や証券会社の検証では月次リターンを用いることが多いのですが、簡単のためと、私は長期投資を前提にしていることから、ここでは年次リターンで調べます。

2001年の最終取引日の終値を100とした時のバークシャー・ハサウェイとS&P 500の12年間（2002～2013年）の累積リターンをグラフ化したものが次ページの上の図です。S&P 500には勝っていますが、両者間にはそれほど差がありません。

2001年の最終取引日の終値を100とした時のさわかみファンドとTOPIXの12年間（2002～2013年）の累積リターンをグラフ化したものが次ページの下の図です。TOPIXに対して意外に健闘しています。これらのグラフから、さわかみファンドのほうが優れたパフォーマンスをあげている可能性が浮かび上がります。

このようにコントロールと比較することによりファンドのパフォーマンスを視覚的に推定することはできますが、もう少し詳しく数字で調べてみましょう。

バークシャー・ハサウェイのこの期間の（幾何）平均リターンは年率7.39％、標準偏差は15.48、対してS&P 500の（幾何）平均リターンは年率6.16％、標準偏差は20.30でした。

一方、さわかみファンドのこの期間の（幾何）平均リターンは年率

- BRK
- S&P 500

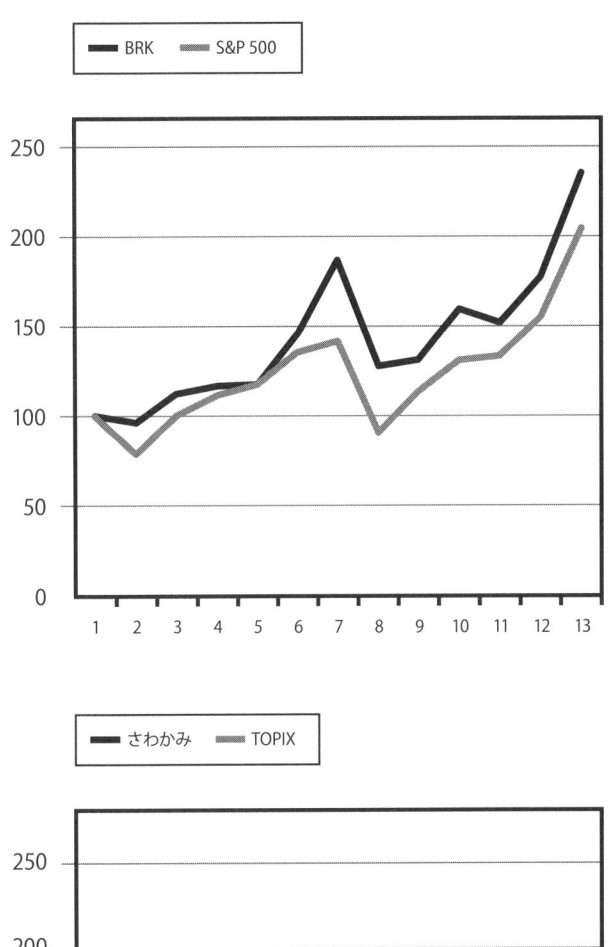

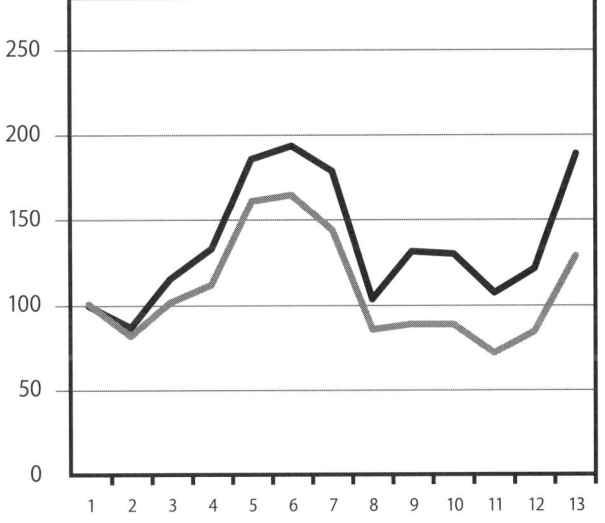

- さわかみ
- TOPIX

5.46%、標準偏差は27.45、対してTOPIXの(幾何)平均リターンは年率2.12%、標準偏差は26.60でした。

S&P 500とTOPIXのリターンと標準偏差の比較から、少なくてもこの12年間米国市場はいかに恵まれた市場環境だったかがわかります。このような環境の中、リターンと標準偏差の絶対値の比較ではバークシャー・ハサウェイはさわかみファンドに圧勝していますが、それぞれのコントロールとの比較では、はたしてバークシャー・ハサウェイを運営しているバフェットの能力は、さわかみファンドの澤上氏のそれより上だと言い切れるでしょうか？

ファンドのパフォーマンスについては、後ほどカハートの α を用いて検証したエビデンスを紹介しますが、とりあえず個人でも簡単にできる方法を提示します。

それは、カハートの式から計算される α の代わりに、毎年のファンドとコントロールのリターンの差を簡易的に α として、計算する方法です。これなら、個人投資家でも簡単にできます。まず、バークシャー・ハサウェイとS&P 500 TR(トータルリターン)の年間リターンを調べます(次ページの上の表)。

バークシャー・ハサウェイのリターンはコントロールであるインデックスより上かどうかを検定します。

> **帰無仮説**：バークシャー・ハサウェイのリターンはインデックスより上であるとは言えない
> **対立仮説**：バークシャー・ハサウェイのリターンはインデックスより上である

まず、バークシャー・ハサウェイとS&P 500 TR(トータルリターン)の年間リターンの差を計算すると、次ページの下の表のようになります。

◆バークシャー・ハサウェイの年間リターン

	バークシャー・ハサウェイ	S&P 500 TR
2002	-3.77	-21.58
2003	16.49	28.17
2004	3.72	10.70
2005	0.82	4.83
2006	24.11	15.84
2007	28.74	5.15
2008	-31.78	-36.80
2009	2.69	26.35
2010	21.42	15.06
2011	-4.73	1.90
2012	16.82	15.99
2013	32.70	32.31

単位：%

◆バークシャー・ハサウェイの超過リターン

2002	17.81
2003	-11.68
2004	-6.98
2005	-4.01
2006	8.27
2007	23.59
2008	5.02
2009	-23.66
2010	6.36
2011	-6.63
2012	0.83
2013	0.39

単位：%

従来の検定では、データは正規分布する母集団から得られたものであるという前提で行われますが、実際には母集団が正規分布しているかどうかわかりません。とくに、ファンドの場合、第1章でも見たように、日次リターンが正規分布すると仮定しても、それより長い期間では正規分布にならず、実際にファンドのリターンを調べても、正規分布していません。

　そこで、ブートストラップ法を使います。ブートストラップ法では、母集団の分布型がわかっているか否かに関係なく、得られたデータから復元抽出により最初のデータと同数のデータを多数回繰り返して取り（リサンプリング）、これらのデータの組から元のデータの統計値を推定します。

　詳細は省きますが、ブートストラップ法で1,000回のリサンプリングを行うと、有意水準0.05（5％）で信頼区間は−3.668〜6.341になり、「バークシャー・ハサウェイのリターンはインデックスより上であるとは言えない」という帰無仮説は棄却されません。つまり、バークシャー・ハサウェイのアルファは偶然であり、バフェットをはじめとするバークシャー・ハサウェイのファンドマネージャーにはスキル（銘柄選択能力）は認められない可能性が高いということになります。

　念のため、月次リターンでも同様に計算しましたが、有意水準0.05（5％）で信頼区間は−0.004〜0.010となり、やはり帰無仮説は棄却されませんでした。

　さわかみファンドとTOPIX（配当込み）の年間リターンは次ページの上の表です。

　また、さわかみファンドとTOPIX（配当込み）の年間リターンの差は次ページの下の表のようになります。

　同様に計算すると、信頼区間は0.775〜6.378となり、「さわかみファンドのリターンはインデックスより上であるとは言えない」という帰無仮説は棄却され、対立仮説「さわかみファンドはインデックスより

◆さわかみファンドの年間リターン

	さわかみファンド	TOPIX (配当込み)
2002	-12.93	-18.02
2003	32.93	24.7
2004	15.21	9.86
2005	34.49	43.49
2006	4.21	2.22
2007	-7.65	-12.35
2008	-42.17	-40.74
2009	27.16	4.3
2010	-0.87	-0.87
2011	-17.75	-18.95
2012	13.15	18.38
2013	55.76	51.6

単位：％

◆さわかみファンドの超過リターン

2002	5.09
2003	8.23
2004	5.36
2005	-4
2006	1.98
2007	4.7
2008	-1.43
2009	22.86
2010	0
2011	1.2
2012	-5.23
2013	4.16

単位：％

リターンが上である」が採択されます。つまり、さわかみファンドのアルファは偶然ではなく、ファンドマネージャーである澤上氏のスキル（銘柄選択能力）による可能性が高いということです。

なお、この検定を従来の方法（t 検定）で行うと、有意水準 0.05（5％）でこの帰無仮説は棄却されません。ブートストラップ法の威力がわかります。

銘柄選択に自信のある個人投資家は、自分でもこの方法で a（あればの話ですが）が、実力か運かを鑑別するのがいいと思います。ただし、この場合、コントロールを適切なものにすることが大事です。インデックスは ETF で代用できます。小型割安株だけからなるポートフォリオを組んでいる場合は、コントロールは iShares Russell 2000 Value（IWN）や Vanguard Small Cap Value （VBR）などの ETF にします。大型割安株と小型割安株を半々でポートフォリオを組んでいる場合は、iShares S&P 500 Value （IVE）と IWN、または Vanguard Value ETF （VTV）と VBR を半々にした「合成インデックス」をコントロールにします。

3　株式投資のプロの通信簿

では、プロが運用している年金などのファンドや投資信託は「市場の平均」を上回る成績をコンスタントにあげられているのでしょうか？

あなたが小学生なら、プロだから「市場の平均」より良いリターンをあげているだろうと思うかもしれません。しかし、中学生ぐらいなら、そもそも彼らそのものがほぼ「市場の平均」を作っているのだから、「市場の平均」を上回るのは半数ぐらいだろうと考えるでしょう。投資家の成績が正規分布していて、運用コストが限りなくゼロに近け

れば、半数と考えていいでしょう。

さらに、前述したように、微小時間後の単利表示のリターンが正規分布するなら、長時間後のリターンは対数正規分布するということを知っている人は、中央値＜平均値なので、運用コストを考慮しなくても、「市場の平均」を上回るプロは半数以下だと考えるでしょう。

マルキールは『ウォール街のランダム・ウォーカー』で、プロが運用する投資信託の7割は、「市場の平均」以下のリターンしか上げられないと書いています。これは、運用コストの高さと市場の効率性によるものですが、ファンドマネージャーの実力のなさも揶揄して、サルがダーツを投げて銘柄を選択したほうがましだとも書いています。しかし、これはかなり誤解を招く表現です。

では、実際のところ、年金や投資信託などのファンドの成績はどうなのでしょうか？

まず、日本の年金向けに提供されているファンドの成績を1995年から2005年までのデータで見てみます。それによると、αは−4％から9％までの範囲で、平均値は0.69％でした。アクティブリスク（ベンチマークからの乖離）は1から10数％までの範囲で、平均は5.2％でした。インフォメーション・レシオは平均が0.07と僅かながらにプラスでしたが、6割のファンドでプラス、13％のファンドは0.5を超えていて、優良な成績でした。αはゼロサムゲームですから、この結果は、利益最大化を目標としない市場参加者など「非効率的」な参加者がいることを示唆しています（次ページ参照）。

ファンドマネージャーの腕を見るには、信託報酬控除前のリターンを見ます。一方、投資家の視点からは、当然、信託報酬控除後のリターンが重要になります。加藤は、1999年から2007年までの期間で、日本株式の投資信託461本を対象に検証を行いました。カハートの4ファクター・モデルからαを見ると、全スタイルの投資信託では、

信託銀行合同口（国内株アクティブ）のリスク・リターン

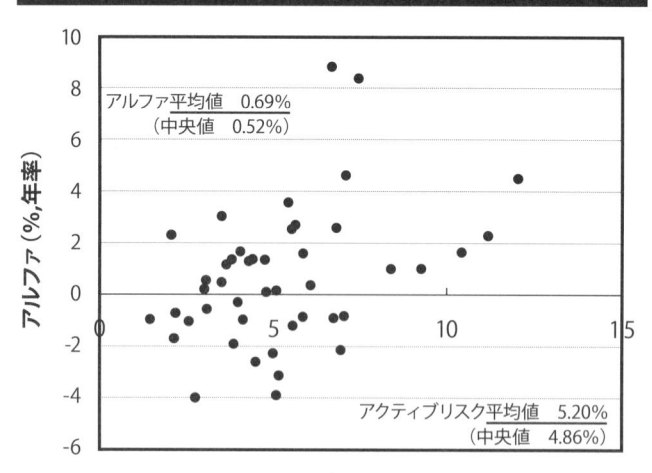

アルファ平均値　0.69%
（中央値　0.52%）

アクティブリスク平均値　5.20%
（中央値　4.86%）

縦軸：アルファ（%,年率）
横軸：アクティブリスク（%,年率）

信託銀行合同口（国内株アクティブ）のインフォメーションレシオ分布状況

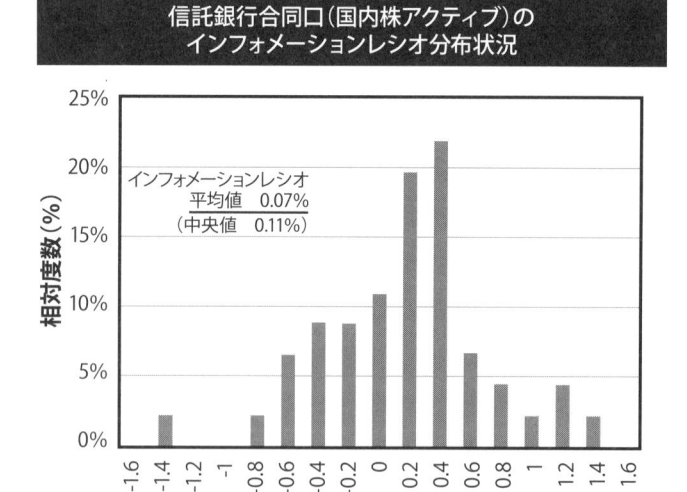

インフォメーションレシオ
平均値　0.07%
（中央値　0.11%）

縦軸：相対度数（%）
横軸：インフォメーションレシオ（年率）

（変革を迫られる株式アクティブ運用－運用力に依存する「アルファ重視型」へ、ニッセイ基礎研 REPORT, 2005.10）

−0.05％、信託報酬控除前は0.08％で、ファンドマネージャーの腕が辛うじて認められましたが、投資信託を購入した消費者（投資家）の立場から見ると、リターンは平均するとマイナスになることがわかりました。しかし、60ヶ月以上生存している投資信託に限ってみると、超過リターンは5％、aは信託報酬控除後で1.56％と、それなりの成績です。

さらにスタイル別にも見ています。国内株式グロース型では、aは信託報酬控除前が3.12％、信託報酬控除後が1.56％と、ファンドマネージャーのスキルがある可能性が出ています。

一方、バリュー型投資信託では、aは信託報酬控除前が1.56％、信託報酬控除後が0.00％と、ファンドマネージャーのスキルはほとんど認められません。また、ブレンド型ではaは信託報酬控除前が0.09％、信託報酬控除後が−0.04％でした。

次に、aがファンドマネージャーのスキルか、それとも単なる偶然かを検証するために、ブートストラップ法を用いて検証しました。繰り返しになりますが、従来の伝統的な統計学でまず問題となるのは正規性の仮定ですが、前述したようにブートストラップ法ではモデルの仮定は必要なく、標本の分布は母集団の分布を再現していると考えて、観測されたデータのみに基づいてコンピュータで大量の反復計算を行って、母集団の性質を推測したり、仮説検定を行うものです。株式のようにファットテイルのある統計量の解析には、とくにブートストラップ法が有効だとされています。

その結果、ブートストラップp値はすべてのパーセンタイル点で50％前後であり、有意性が確認できませんでした。つまり、aはファンドマネージャーの腕ではなく、単なる運である可能性が高いことが確認されました。

次に、グローバルでの投資信託の成績を検証しましょう。

フェレーリアは、1997年から2007年までの世界の27ヶ国の投資信託の成績を調べています。これは、世界中の投資信託の87％をカバーする金額です。パフォーマンスの測定法としては、カハートの4ファクター・モデルからαを求めています。

それによると、まずカハートの4ファクター・モデルの回帰係数は、米国で0.85、日本で0.89、米国以外の全世界で0.88、全世界で0.87と非常に良い決定係数（R^2）を示し、カハートの4ファクター・モデルがよく適用されることがわかります。そのうえで、αを求めると、米国では－0.30とファンドマネージャーの運用能力がないことが示されました。米国以外の全世界では－0.10、全世界では－0.20でした。その中で、日本は0.22とプラスのαです。日本のファンドマネージャーの腕が良いのか、それだけ日本の市場は非効率なのか、あるいはその両方です。

バラスは、1975年から2006年までの米国の投資信託を対象に信託報酬控除後のカハートの4ファクター・モデルによるαを求めました。その結果、75％の投資信託でαはほぼ0で、辛うじてファンドマネージャーの腕が認められましたが、信託報酬により、ファンドマネージャーがもたらしたαは相殺されてしまいます。そして、24％のファンドマネージャーは腕が悪く、腕が良いファンドマネージャーは僅かに0.6％でした。また、腕が良いファンドマネージャーは1996年以前には少数ながら存在していましたが、それ以降はほとんど存在しなくなったとも述べています。

コソウスキーは1975年から2002年までの米国の投資信託2112本を、カハートの4ファクター・モデルによる投資信託のαをブートストラップ法で解析することにより、優れたファンド（上位10％）のパフォー

マンスは、単に運が良かった以上に、ファンドマネージャーの腕が良いことを示しました。例えば、1788本の投資信託のうち、少なくても5年間の期間中、年間リターン以上のαのファンドは、偶然では9本しかない計算ですが、実際には29本ものファンドがありました。

また、ファンドマネージャーの腕が発揮されるのは、グロース指向のファンドで顕著で、インカム指向のファンドは一見パフォーマンスが良いように見えても、それは単に運がよかっただけでした。さらに彼は、過去3年間パフォーマンスが良かったファンドは、次の年のパフォーマンスも良いことを証明しました。その逆もまた然りです。

次いで、ファーマは、1984年から2006年までの米国の投資信託3156本について、CAPM、ファーマの3ファクター・モデル、カハートの4ファクター・モデルにおけるαをブートストラップ法で解析しました。

コソウスキーの方法とは、対象期間や解析方法が少し異なるのですが、彼は、優れたファンドでも信託報酬を吸収するだけのパフォーマンスは得られなかったと述べました。その一方で、信託報酬控除前のリターンについてαはプラスで、腕が良いファンドマネージャーがいるというエビデンスがあるとも述べています。

カスバートソン（Cuthbertson）は、1975年から2002年までのイギリスの投資信託についてブートストラップ法で解析した結果、トップ5～10％の投資信託は単に運がよかっただけではなく、ファンドマネージャーのスキルもあると結論付けました。

投資信託のパフォーマンスの持続性については、詳細は避けますが、全体として、プラスのパフォーマンスの持続性は認められるものの、数ヶ月から1年という短期間だけです。一方、マイナスのパフォーマ

ンスの持続性に関しては、これより長期にわたり持続するとする検証結果が多くなっています。

しかし、ファーマの最近の分析によると、投資信託の僅かな a も、1992年以降消失しているようです。

結論として、**腕の良いファンドマネージャーの存在は否定できませんが、いるとしてもごく僅かで、その成績の持続性も1年程度**です。

さて、このような事実を提示すると、バフェットの驚異的なリターンはどう説明するのかと疑問に思われる方もいると思います。下の図はバフェットの経営するバークシャー・ハサウェイの株価の推移です。

◆バークシャー・ハサウェイの株価推移

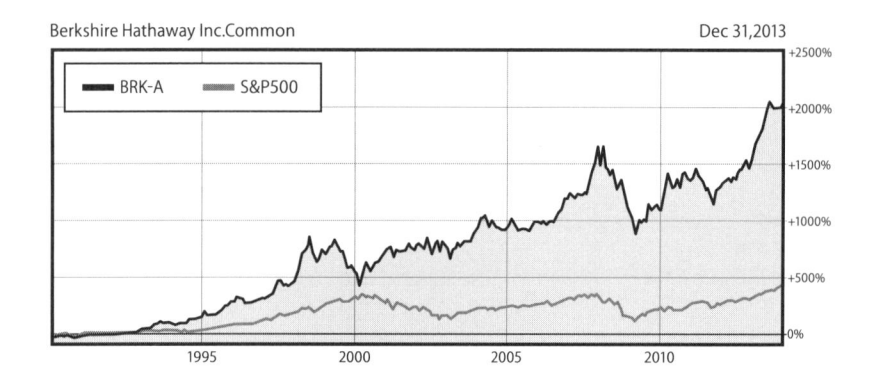

Berkshire Hathaway Inc.Common　　　　　　　　　　Dec 31,2013

この動きに対する説明は、次の4つのいずれか、あるいはそのすべてです。

第一は、学術的な研究でも、極めて少数の優れたファンドマネージャーの存在までは否定していないので、彼はその中のひとりで、まさにguru（巨匠）であるという説明です。多くのバフェット崇拝者はそう信じています。マスコミも彼には非常に好意的なので、多くの

人もこのように思っていることでしょう。

　第二は、彼は単に運が良かっただけに過ぎない、コイン投げ大会のチャンピオンに過ぎないという頑強な効率的市場仮説支持者からの説明です。

　第三に、バークシャー・ハサウェイは、ウェルズ・ファーゴ銀行で8.8％、コカ・コーラで9.1％、IBMでも6.6％のいずれも筆頭株主になっていることから、バークシャー・ハサウェイおよびバフェットが直接、間接的にそれらの会社の経営に関与している点があります。

　そして第四は、2008年にゴールドマン・サックスとゼネラル・エレクトリックに行った投資で明らかなように、投資の要請を受けた会社から、一般投資家が知ることのできない情報を直接与えられたうえで、彼は投資判断をして、一般投資家では手に入れることができない好条件で優先株やワラントを取得している点です。

　例えば、2008年9月23日付のゴールドマン・サックスの発表によると、バフェット氏が率いる投資会社バークシャー・ハサウェイは配当利回り10％の優先株を50億ドル購入したほか、その後5年以内にゴールドマンの普通株を1株115ドルで購入できるワラント（※10）50億ドル分を取得しました。続いて、2008年10月1日には、ゼネラル・エレクトリックへの出資も決めました。30億ドルの配当利回り10％の優先株に加えて、その後5年間で30億ドル分の普通株を購入できる権利も取得しました。同様に2011年にはバンク・オブ・アメリカに対して、50億ドルの配当利回り6％の優先株とその後10年間で普通株を1株7.14ドルで購入できるワラント70億株を取得しました。

　これらのことから、バフェットはふつうのファンドマネージャーと同列に論じることはできません。しかし、88ページで見たように、少なくとも過去12年間の成績からはファンドマネージャーのスキルは認められないように思われます。

　バフェットと並び、崇拝者の多いマゼラン・ファンドの伝説のファン

ドマネージャー、ピーター・リンチはどうでしょうか？ 1978年から1983年までの年率平均リターンはS&P 500を3.5ポイント上回っていました。しかし、資産規模が大きくなるにつれて運用成績は低下し、その後の11年間ではS&P 500に負けた年が8年あり、とくに1996年、1997年はS&P 500を5〜6ポイント下回るリターンとなりました（※11）。

一方、マゼランファンドが得た運用手数料と経費は1984年には40万ドルでしたが、1984年には1,700万ドルに激増し、当時のパフォーマンスの良さがさらに資金流入をもたらし、2001年には7億6,300万ドルに達しました。これがリンチに膨大な利益をもたらしたことは言うまでもありません。

最後に、マリオ・ガベーリについて、見ていきます。彼は、バフェットやリンチほどは一般の方に名は知られていませんが、日本経済新聞社から刊行された『マネーマスターズ列伝』にも載っている大投資家です。彼はコロンビア大学のビジネススクールで、ベンジャミン・グレアムの『証券分析』の共著者であるロジャー・マリーからバリュー株投資を教わっています。その後、独立し、ガベーリ・アセット・マネジメント社を設立し、現在171億ドルの資産を運用しています。PMV（プライベート・マーケット・バリュー）という考え方を導入し、バリュー株投資の発展に大きく寄与しました。

では、彼の運用するファンドの成績を見ていきましょう。まず、Gabelli Asset AAA（GABAX）です。次ページの上の図を見るとわかるように、SPDR S&P500（SPY）に大きく劣後しています。ファンダメンタル分析をする気が失せるパフォーマンスです。

もうひとつのファンド、Gabelli ABC AAA（GABCX）のパフォーマンスは次ページの下の図のとおりです。これは中小型株が対象なので、コントロールはIWM（iShares Russell 2000）にしましたが、まじめに運用していたのかと疑いたくなるパフォーマンスです。

◆ GABAX の運用成績（SPY の比較）

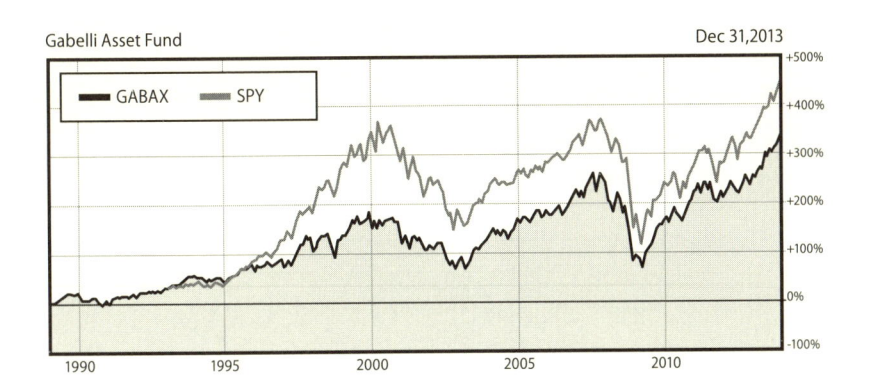

Gabelli Asset Fund　　　　　　　　　　　　　　　　　　　　　　　Dec 31,2013

◆ GABCX の運用成績（IWM との比較）

Gabelli ABC Fund　　　　　　　　　　　　　　　　　　　　　　　Dec 31,2013

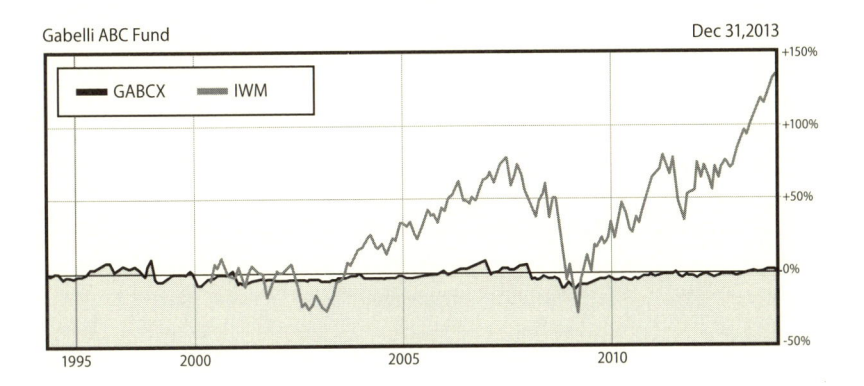

以上をまとめると、**とくに米国においては、投資信託全体のパフォーマンスは悪い**ようです。**全体的にも、腕の良いファンドマネージャーはいなかったか、いたとしても全体の１〜数％**でしたが、最近はそれもいなくなっているようです。また逆に、**運ではなく腕の悪いだけのファンドマネージャーはそれ以上にいる**ものと推定されます。

2 機械的投資法

本節で学ぶこと

◎機械的投資法とは、主観的なファンダメンタル分析はせずに、PBR（株価純資産倍率）などの指標だけを組み合わせて、銘柄の選択をする方法である

◎グリーンブラット、ハウゲン、オーショネシーの3人のプロの機械的投資法を検証したが、3人とも当初の期待ほどの成績を残していない

◎そのほかにも多くのアノマリーを理由にした投資法が発表されているが、その多くは「バックテストマジック」であり、発表後も機能している投資法はほとんどない

1　Guru（巨匠）たちの機械的投資法

次に、バリュー株投資に基づいた「機械的投資法」を行っている投資家として有名な下記の3人のプロのモデルについて順番に見ていきましょう。

◆ジョエル・グリーンブラット

ジョエル・グリーンブラットは Gotham Capital のマネージャーで、企業のリストラやスピン・オフなどの特殊機会を狙った著書の『グリー

ンブラット投資法』で有名ですが、2006年に『The Little Book That Still Beats the Market』という本の中のMagic Formulaという機械的投資法を発表して、一世を風靡しました。

これは、EV／EBIT（※12）とROC（資本収益率　※13）という、たった2つのファクターで銘柄を上位20～30銘柄を選択し、1年後にリバランスするという、極めてシンプルな方法です（公益株、金融株、外国株、流動性の低い株は除外）。

例えば、EV／EBITが2位の順位で、ROCが10位の順位の銘柄は12というスコアを得ます。同様に他の銘柄についてもスコアをつけ、そのスコアの上位30銘柄を等金額で保有します。時価総額の大きな1,000社から選択する方法、3,500社から選択する方法で選んだ場合の銘柄が、Web上で紹介されています。

ここでは、3,500社からスクリーニングする方法の結果を紹介します。1988年から2004年までの平均リターンは年率31%です。S&P500のこの期間のリターンは12%です。

通算36ヶ月（3年間）負け続けることがある、12ヶ月のうち5ヶ月は負けている、12ヶ月という期間をとると、4回に1回は負けているのですが、このことはむしろ利点だと論じられています。常にうまく行く戦略は、みんなが使ってしまって、有効性がなくなってしまうのに対して、うまく行かない期間がこのように長期にわたると短期志向の投資家には採用されず、有効性が保たれるという理屈です。

1997年から2002年までの期間、グリーンブラットは年率16%のリターンだったと主張しています。しかし、バロンズ（※14）がBloombergのデータベースで検証したところ、リターンは年率10%と大幅に下がっていました。

なぜ、データベースによってこんなに違いが出るのかと、不思議に思われる方もいるでしょう。その理由のひとつは、データベースによっ

て会計処理の方法が異なるからです。

　例えば、Compustatのデータベースは、企業の減価償却費が財務諸表のどのセクションに含まれているかが有価証券報告書にて開示されていない限り、売上原価から減価償却費を差し引き、その差し引いた額を販売管理費に加えるという調整を行っています。したがって、Compustatの損益計算書では、売上原価は過少報告され、販売管理費は過大報告されるという傾向が見られます。また、グリーンブラットは利益として、事業継続に必要なもの以外の過剰な現金を計上していますが、具体的に何を過剰としているのかは不明です

　この他に、バックテストで必ず問題になるのが、ルック・アヘッド・バイアスです。つまり、実際にはその時に入手できないデータに基づいてスクリーニングをすることによるバイアスです。

　ClariFIという財務ソフトウェアを販売している会社は、グリーンブラットの1,000社からスクリーニングする方法で、グリーンブラットと同じCompustatのデータベースを使った方法でリターンを調べたところ、「(グリーンブラットは23％のリターンが得られたと紹介しているが) 実際は18％になる」と述べています。

　さらに、"The little book that still beats the market"の中で、「1994年から2004年までのデータでMagic formulaでは18％のリターンなのに対し、ハウゲンの方法では13％のリターンしか上げられない」と馬鹿にされたハウゲンは、「1996年から2002年まで1,000社からスクリーニングするMagic formulaでは17％の年率リターンであると"The Little Book That Still Beats the Market"には書いてあるが、Bloombergのデータベースを使って再検証したところMagic formulaでは10％のリターンしかあげられない、これはS&P 500のリターンを4ポイントしか上回っていない」と述べ、さらに「自分の方法では16％のリターンをあげられた」と述べ、自分のモデルの優位性を強調

しました。

　最近では、2010年にブリジが論文を発表しました。この論文では、1988年から2010年までの期間で検証していますが、全期間を通してみれば、Magic formulaは有効としています。しかし、"The little book that beats still the market"が出版された後の2006年以降の期間に関しては、有効ではありませんでした。2006年7月31日から2012年8月12日までの6年間のパフォーマンスは、－11.34％で、S&P 500の26.55％と比べて、実に37ポイント以上も下回りました。この期間は、バリュー株のリターンが非常に悪かった時期ですが、そういうことは事前にはわかりません（次ページの上の表）。

　結論として、彼は、Magic formulaはバックテスト・マジックに過ぎないと揶揄しています。

　また、次ページの下の図のMFIが2006年以降のMagic formulaのパフォーマンスです。

　さらに、彼お得意のファンダメンタル分析に基づくヘッジ・ファンド、Gotham Absolute Return Institutional（GARIX）は株式をロングとショートでもち、差し引き50～60％のロングになるようなポジションをもつGotham Fundsの旗艦ファンドですが、リターンはVTI（Vanguard Total Investment）に劣後しています。

◆ロバート・ハウゲン

　次に、ロバート・ハウゲンを見ます。"The New Finance（4th Edition）"の著者です。彼は、カリフォルニア大学の教授を務めたあと、HAUGEN Custom Financial Systemsという投資アドバイザー会社を運営しています。彼の方法は70ファクター・モデルで、ファンダメンタルの他に、モメンタムやアナリストの利益予想を使ってい

◆ Magic formura のパフォーマンス

Year	Magic Formula One-year Return	Market(S&P500) One-year Return	Net(＋／−Market) Return
1988	27.1%	16.6%	10.5%
1989	44.6%	31.7%	12.9%
1990	1.7%	-3.1%	4.8%
1991	70.6%	30.5%	40.1%
1992	32.4%	7.6%	24.8%
1993	17.2%	10.1%	7.1%
1994	22.0%	1.3%	20.7%
1995	34.0%	37.6%	-3.6%
1996	17.3%	23.0%	-5.7%
1997	40.4%	33.4%	7.0%
1998	25.5%	28.6%	-3.1%
1999	53.0%	21.0%	32.0%
2000	7.9%	-9.1%	17.0%
2001	69.6%	-11.9%	81.5%
2002	-4.0%	-22.1%	18.1%
2003	79.9%	28.7%	51.2%
2004	19.3%	10.9%	8.4%
2005	11.1%	4.9%	6.2%
2006	28.5%	15.8%	12.7%
2007	-8.8%	5.5%	-14.3%
2008	-39.3%	-37.0%	-2.3%
2009	42.9%	26.5%	16.4%

(R.Blij, Back-testing Magic, http://arno.uvt.nl/show.cgi?fid=120695)

◆ Magic formura の「出版後」のリターン

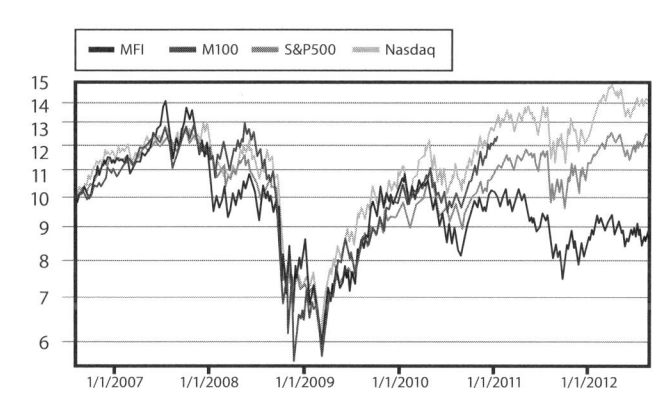

MFI：Magic formula
出典：Marketo crazy (http：www.) Marketo crazy.com

て、経済情勢やマーケットの状況でそのウエイト配分は変えます。機械的投資法であるにもかかわらず、その基準は公開されていないため、不明です。

　お金を払って、HAUGEN Custom Financial Systems に入会すれば、週に1回、「何を買え」とか、「何を売れ」という一覧表がダウンロードできますが、彼自身が運用しているファンドはありません。

　前述したように、ハウゲンはグリーンブラットの Magic formula を同期間で再検証したところ、グリーンブラットが書いたのとは違って自分の方法のほうが良いリターンをあげると主張しましたが、図らずも彼は、バックテストの結果はちょっとした手加減でどうにでもなることも明らかにしてしまいました。

　このことを裏付けるように、彼のホームページから、Enhanced model long only strategy のリターンを調べると、不思議なことに、2013年に公開したリターンは、2012年に公開していたリターンと違っています（次ページの表参照）。

　2013年に公開したリターンは、2012年に公開していたリターンより、明らかに良くなっています。おそらく、バックテストで、今までのリターンがより良くなるようにファクターのウエイト配分を変えたのでしょう。バックテスト次第で「モデル・ポートフォリオ」の過去のリターンは、どうにでもなるということです。そして、**バックテストの結果がそのまま将来にも当てはまるという保証はまったくない**のです。

　彼の著書『株式市場のアノマリー──非効率的市場のポートフォリオ・マネジメント』では、「データ・マイニング」や「偽造」という項目で、データをごまかしている人を非難していましたが、彼のこの「モデル・ポートフォリオ」のリターンの改竄もそれと同じことで、残念なことです。晩年の彼は、70ファクター・モデルには興味をなくしたようで、低ボラティリティの銘柄からなるポートフォリオを好みました。

◆ロバート・ハウゲンが公開したリターン

	2013年 10月	2012年 10月
1996	36.8	35.1
1997	50.2	48.4
1998	23.6	25.4
1999	126.4	103.4
2000	54.9	37.9
2001	17.3	8.6
2002	16.6	7.9
2003	58.7	53.1
2004	30.4	27.4
2005	49.7	50.6
2006	19.5	20.7
2007	32.1	26.5
2008	-29.3	-29.8
2009	82.5	40
2010	21.2	16.9
2011	1.9	-1.1

単位：%

◆ジェームズ・オーショネシー

「機械的投資法」でおそらく一番有名なのが、"What works on Wall Street"の著者のオーショネシーです。

彼は、PER、PBRなど非常に多くのファクターの有効性を調べたうえで、（１）PSR（price-to-sales, 株価売上高倍率）、（２）PCFR（price-to-cash flow, 株価キャッシュフロー倍率）、（３）配当利回り、（４）１年間の相対価格上昇度（モメンタム）が上位のマルチ・ファクターの組み合わせが最も良いパフォーマンスを出すと発表しました。

現在の彼の投資会社はは2007年に設立されたO'Shaughnessey Asset Management, LLCです。この会社の代表的ファンドであるO'Shaughnessey All Cap Core I（OFAIX）は、1964年から2011年までのバックテストでは年率リターン16.8％、標準偏差16.0％、シャープレシオ0.74で、コントロールのコントロールのiShares Russell 3000（IWV）の年率リターン9.5％、標準偏差15.7％、シャープレシオ0.29と比べて全体的に優れたパフォーマンスを出していました。しかし、実際にこのファンドを販売してからのパフォーマンスは次ページの上の図のとおりです。

この３年間の配当金込みのトータル・リターンは年率15.13％、標準偏差13.22でした。コントロールであるiShares Russell 3000（IWV）の同期間の配当金込みのトータル・リターンは年率20.97％ですから、コントロールに負けています。

また、彼自身運用に関与しているカナダの投資会社RBCのRBC O'Shaughnessey U.S. Value Fundは、彼の方法に従って、59銘柄を組み入れていますが、過去11年間のリターンは次ページの下の図の通りです。

RBC O'Shaughnessy U.S. Value Fundの過去10年間（2003年～2012年10月）の平均リターンは4.56％、標準偏差20.4でした。同期間のSPY（SPDR S&P 500）の年平均リターンは7.07％で、標準偏差18.3ですから、彼のファンドはS&P 500に劣後しています。いず

◆ OFAIX の運用成績（設定後、3年間）

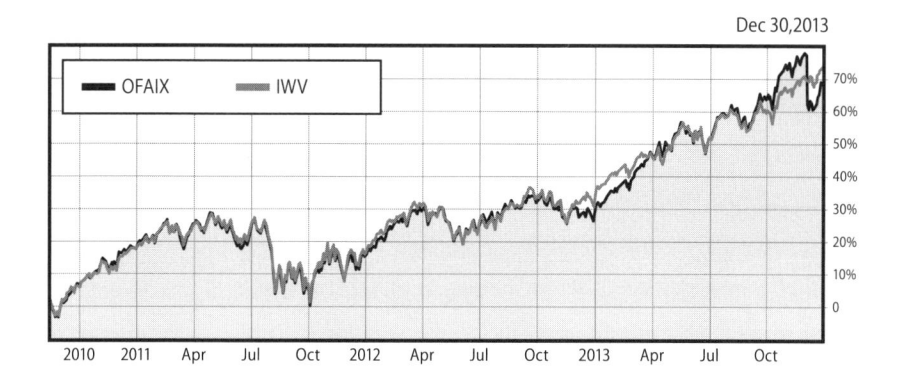

Dec 30, 2013

◆ O'Shaughnessey U.S. Value Fund の運用成績（過去11年間）

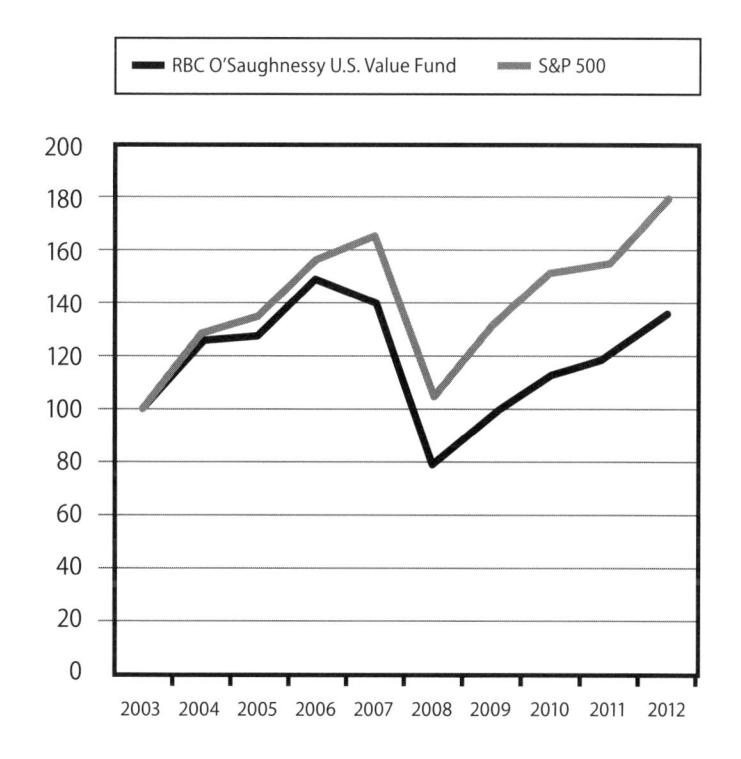

れも配当金込みのトータル・リターンです。

2　シンプルな1または2ファクターによる機械的投資法

第2章で見てきたように、近年、一部のファクターの有効性が低下しています。また、それとは関係なく、機械的投資法の「巨匠」である3人の実際のパフォーマンスは、散々なものでした。もちろん、この比較的短期間の成績だけで、彼らの機械的投資法の有効性の有無を論じることはできません。ここで、強調したいことは、**一見客観的に見えるバックテストの結果も、人間の恣意的な匙加減ひとつで大きく変えることができる**ということです。

アビーは、米国市場において、1981年から2010年までの銘柄（時価総額が2003年の時点で5,000万ドル以上、金融・公益は除外）を対象に上位30銘柄からなるポートフォリオを組み、1年間持ち続ける投資法を検証しました。

一番左側のEBIT/EVとROCの組み合わせ（下の表参照）は、グリーンブラットのMagic formulaとほぼ同じですが、グリーンブラットが公表したリターンより若干悪い理由として、本法は30銘柄に一度に投資するのに対して、グリーンブラットは数回に分けて投資する

	EBIT/EV and ROC	PER and ROE	PER and ROA	PBR and SIZE	EBIT/EV	PER	PBR	SIZE
標準偏差（対マーケット）	17.9	20.7	18	40.3	20.5	28.2	41.8	30.1
3年間リターンマイナス(%)	6.8	8	8.6	15.4	3.7	9.5	23.4	20
3年間リターンマーケット以下(%)	25.8	57.2	48	43.1	25.2	50.8	55.4	53.2
5年間リターンマイナス(%)	1.7	1	2	7.6	0.3	3	12	12
5年間リターンマーケット以下(%)	19.3	53.5	44.5	43.9	22.9	47.5	58.1	55.1

点、本法では売買スプレッドとして、1株あたり0.5ドルを計上している点を挙げています。

　このEBIT/EVとROCの組み合わせは、一見、有効に見えます。そして、このようなシンプルな投資法の有効性が消失しない理由として、グリーンブラットは「本法では比較的小型銘柄に投資するので、そもそも機関投資家が参加しにくいことと、投資しようとしても売買スプレッドが大きく、さらに自身の買い注文で株価が上がってしまい当初の価格で買えない（マーケット・インパクト）などのため、結局、機関投資家などのプロはこれらの銘柄に投資できないからだ」と説明しています。

　しかし、2006年にグリーンブラットがMagic formulaを発表して、この方法が一躍有名になってしまいました。そこで、前述したアノマリーのように、発表後、その有効性が減じてきたかどうかをMagic formulaが発表される前後5年ずつの期間で、バリュー加重平均と比べました。

　その結果、2001年から2005年までのリターン平均は32.3%（バリュー加重平均は－1.1%）で有意差がありましたが、2006年から2010年までのリターン平均は6.5%（バリュー加重平均は0.5%）で、有意差は認められませんでした。少なくても最近は、EBIT/EVとROCの組み合わせは機能していません。

　もっとも、この期間の比較では、PBRとSIZEの組み合わせも、前期は有意差があるものの、後期では有意差はありません。かろうじて、後期も有意に市場の平均よりもリターンが良いのは、危険率10%という甘めの検定で、EBIT/EVのみです。

3　まとめ

　アクティブ型の投資信託の成績が近年落ちていて、ほとんど「市場

の平均」と変わりません。

　ケインズは、「すべての経済データは、それぞれの期間に固有なものである」と述べ、さらに「情報が不足している場合には、統計的概念は役に立たないことが多い」とも述べています。経済データは、GDP速報値、失業率、物価指数、為替、政策金利等々あまりに多くのものがありますが、それら全部を網羅しても、将来のGDP成長率や株価を予測することはできません。

　前提条件が異なれば、仮にその後の論理に誤りがなくても、結論はまったく逆の方向に行ってしまうこともあります。私たちが最初にすべきことは、少しでも前提条件を正確に捉えることです。そこからスタートしなければ、その後の論理展開がいかに正確であっても、結論は間違ったものになります。

　株式投資が難しいのは、その前提条件があまりに複雑で、将来の予測ができないからです。そして、明日起きることが予測不能だからです。

　さらに、それに対する投資家の反応が予測不能だからです。明日の株価の予想はできないのです。もちろん、まともな株式投資の評論家なら、こんなことだれでも知っているはずです。しかし、私の知る限り、それを言う人がほとんどいないのは、自分、あるいは同僚がそれで飯を食っているからです。

　また、従来認められたアノマリーの有効性も、近年、低下しています。

　そのほかにも、Magic formulaなどいろいろなファクターを用いた投資法が、次から次へと発見されていますが、それらは「バックテスト・マジック」である可能性が大きく、結局、現在、そしておそらく将来にもわたって有効なファクター（アノマリー）は、PBR、PERなどのバリュー株効果、小型株効果とモメンタムだけかもしれません。

コラム：業界と利益相反

　多くの会社では、依然として健康診断と一緒に胃X線（バリウム）検査を行っています。一般の人は、ある一定の年齢になったら胃X線検査をするものだと思っています。しかし、これは、20〜30年前の、国民の8割以上がピロリ菌に感染していて、ほぼ全員が胃癌のハイリスクだと考えても間違いがなかった時代の話です。それから数十年たち、環境が激変しました。現在は、逆に8割以上の人はピロリ菌に感染していないので彼（彼女）らは検診の対象からはずせます。この集団に検診をするのは全く医療資源とお金の無駄使いです。胃X線検査はもはや時代錯誤的な検査です。胃X線検査が検診として行われている国は日本以外にはありません。

　前提条件が全く違う数十年前のデータを金科玉条にして、胃X線検査の正当性を訴える医師がいますが、そういう人のことを私は「エビデンス馬鹿」と言っています。一方、人間ドック学会や総合健診医学会が胃X線検査の廃止に踏み切れない本当の理由は、馬鹿だからではなく、胃X線検査をしたほうが医療機関は儲かるからです。アルバイトで胃X線検査の読影をしている医師も多いので、胃X線検査をやめると自分で自分の首を絞めることになるのです。

　また、放射線被曝の問題もあります。X線による胃癌検診とCTの普及により、日本人の医療放射線被曝量は他の国と比べて突出して多く、世界で最も権威のある医学雑誌のひとつであるLancetの論文 によると、日本人の癌の3.2%は医療放射線被曝が原因と推定されています。ふつうCT検査は

健診で行われることはありません。CT検査を受ける場合は医学的目的がはっきりしているからいいのですが、健診に組み込まれている胃X線検査は多くの社員が「義務」だと勘違いしています。そして、胃X線検査を1回受ければ、福島原発事故での計画的避難地域に数ヶ月住む間に浴びる線量（計画的避難地域は、原則として、年間20mSv以上の地域。一方、1回の胃X線検査で男性4.6mSv、女性3.7mSv被曝する）を僅か10分ぐらいで浴びてしまいます。このようなデータがある以上、胃癌のリスクの低い人への胃X線検査は正当化されません。

企業や地方自治体の事務方が、胃X線検査を委託している外部の医師にバリウム検査の意義を尋ねる際には、この裏事情を知る必要があります。バリウム検査で飯を食っている医師がその存在意義を否定するはずがないのです。

一方、金融機関は、私たちが生きていく上に欠かせない存在です。しかし、金融機関が個人向けに販売している投資信託は、全部とは言わないまでも、その多くは相手の無知につけ込んだものです。過半の投資信託は手数料や信託報酬が高く、それらのパフォーマンスはインデックスに劣後しています。多くの金融の専門家は、当然そのことは知っていますが、自分や同僚、銀行のことを考えると、声高に本当のことは言えないのです。投資信託の販売は、販売手数料、信託報酬などで金融業界がとても儲かるからです。

この辺りの事情は他の業界でもあるかもしれませんが、自動車、電化製品などは、その性能が比較的わかりやすいので、

顧客に嘘は言いにくいでしょう。それらに比べて、医療金融商品は、その価値が一般の人にはわかりにくいため、顧客のためではなく、医療機関や会社の利益を優先している例が目につきます。

　繰り返し述べていますが、個別銘柄への投資は証券会社や業界の人がどんなに宣伝しても、割が合わない投資です。

3　インデックス投資

本節で学ぶこと

◎３番目の投資法＝インデックス（市場のある特定の部分を代表するような株式を集めたポートフォリオ）投資

◎大型株や小型株、バリュー株やグロース株などからなる様々なインデックスがあり、それらに連動するETFも多く販売されている

◎モメンタム、ファンダメンタル・インデックスに基づくETF（株式上場投資信託）やセクター別ETFもあり、コントロールと比べて良好なパフォーマンスを示している

1　インデックスとは

　今までの章で、個人投資家がプロに勝つのは容易ではないこと、そのプロの成績も決して良くないことがわかったと思います。それではどうしたらいいでしょうか？

　ひとつの答えはインデックスに投資することです。
　インデックスとは、**市場のある特定の部分を代表するような株式や債券を集めたポートフォリオ**です。インデックス投資とは、インデッ

クスと同じ値動きを目指す運用をする投資信託やETF（株式上場投資信託）に投資することで、パッシブ運用とも呼ばれます（厳密に言うと少し意味が違います）。基本的には、当該ファンドがベンチマークとする株価指数に採用されている銘柄群と同様の銘柄構成を採り、各企業の株式のファンドへの組み入れ比率も株価指数への影響度に比例した割合となります。

　ベンチマークにもいろいろあります。グローバル市場全体のインデックス、米国市場のインデックス、大型株のインデックス、バリュー株のインデックスなどがあります。

　まず、ETFなどを含めたインデックス・ファンドの構築方法について述べます。これには主に以下の3つの手法があります。

◆完全法（準完全法）

　ベンチマークを構成するすべての銘柄を、その時価構成比率に合わせてポートフォリオを構築する方法です。例えば、ある企業株式がインデックスの時価総額の1％を構成する場合、そのインデックスに連動するファンドのマネージャーは、同企業に対してファンド資産の1％を投資します。対象とする市場インデックスの値動きに非常に緊密に連動します。

　完全法はベンチマークとの高い連動性が期待できる一方で、倒産確率（信用リスク）の高い銘柄を保有することになります。そのため、完全法をベースにして、そこから信用リスクの高い銘柄等を除外してポートフォリオを構築する準完全法も用いられています。

　インデックス構成比率どおりに投資するにはある程度の資産額が必要になり、インデックスの銘柄変更、割合変更の都度売買が発生するので売買コストがかさみますが、実際にそれにより信託報酬が高くなるかどうかは、運用会社の企業努力もあるので別問題です。バンガー

ドのファンドの多くはこの方法です。

◆サンプル法

　インデックスを構成する銘柄すべてではなく、その一部だけを売買することでインデックスへの連動を目指す方法です。対象とする市場インデックスの規模があまりに大きく、すべての構成銘柄を買い付けるにはコストが高くなりすぎるか非効率な場合に、サンプル法を採用します。サンプル法には、層化抽出法と最適化法の2つがあります。層化抽出法は、ベンチマーク構成銘柄をいくつかのグループに分類し、各グループから銘柄を抽出してポートフォリオを構築する方法です。銘柄数が多く流動性に大きなばらつきがある資産（国内債券・海外債券等）に適した手法です。

　また、最適化法は計量モデル等に基づき、ベンチマークとの連動性を保てるように一部の銘柄を抽出しポートフォリオを構築する方法で、少額からでもポートフォリオを構築できるメリットがあります。層化抽出法、最適化法ともに、組み入れ銘柄数が完全法や準完全法に比べて少ないことから、ベンチマークとの連動性は一般的に低下する傾向があります。ブラックロックのiSharesの多くはこの方法です。

◆シンセティック・リプリケーション

　現物とデリバティブ取引を組み合わせてインデックスへの連動を目指す方法があります。銘柄入れ替えや割合の変更で発生する現物株バスケットとインデックスとの乖離部分をデリバティブで埋める手法です。

2　インデックスとETF

　現在、アメリカのS&P500やナスダック総合指数、イギリスのFTSE100やフランスのCAC40、中国の上海総合指数やハンセン指数、

そして日本のTOPIXなど、世界の主要な株価指数の大半は、その算出に時価総額加重を用いています。そして、これらの指数は多くのファンド（投資信託）やETFのベンチマークとして利用されるため、大半のファンドやETFが時価総額加重で組み入れ銘柄を決めています。このため、世界の株式市場は時価総額を基準に動いているといっても過言ではありません。

なぜ世界中の多くの株式市場で、時価総額加重が主流なのでしょうか？

それは、資産運用業界は時価総額加重のインデックスがCAPMの市場ポートフォリオを十分に代表していて、平均-分散アプローチのうえで、ほぼ最適であると単純化してきたことにより、最適ポートフォリオの構築という難しい問題を避け、時価総額加重のインデックスの組み入れ銘柄とそのウエイトを一度決めてしまえば、その後は、日々の指数の算出は、各々の企業の時価総額を合計して割るだけで簡単に求められるようになるからです。

また、時価総額加重による運用は売買回転が少なくて済むことのほかにも、これらに採用されている株式は、流動性が高く、投資可能金額も多いので、年金基金などの機関投資家にとっても都合がよかったのです。

ETF（株式上場投資信託）は、インデックスに連動するように運用される投資信託の一種ですが、普通の株式と同じように、日中ザラ場で売買できます。

ETFの運用・販売会社としては、VanguardとiSharesを販売しているブラックロックが圧倒的に大きなシェアを占めています。そのほかに、バリュー系ETFではWisdomTreeが有名で、PowerSharesも個性的な多くのETFを出しています。

ここで気をつけたいことは、ETFが連動を目指す対象のインデッ

クスが変わることがあるということです。最近では、Vanguard がインデックスのプロバイダーを MSCI（※15）から CRSP（※16）および FTSE（※17）に変えました。MSCI と、CRSP あるいは FTSE のインデックスでは、運用方針が少し違うので、僅かですが連続性がなくなります。

また、リーマン・ショックの時期には、配当の多い銘柄、とくに金融機関の銘柄を多く組み入れる運用方針の WisdomTree の ETF は、金融機関の株価の暴落により、ある日に突然、金融機関の株式の組み入れを止めました。

前述しましたが、バックテストは、特定の時期に、特定の市場で、特定のユニバースで、特定の方法（リバランスの頻度など）で、有意差があったとか、なかったとかという話です。リバランスの際に発生する税金のことも考慮されていません。

一方、ETF のパフォーマンスは、小型株効果やバリュー株効果などの有効性を、バックテストではなく、プロスペクティブ（前向き）に現実の世界で実証してくれているとも言えるので、個人投資家にとっては貴重なデータでもあります。

3　米国市場のインデックスと ETF

「米国市場のインデックス」は何でしょうか？　ダウ平均は、たった 30 銘柄で構成されているのでとてもインデックスとは言えません。

では、S&P 500 でしょうか？　S&P 500 は、Standard & Poor's 社が選んだ、時価総額加重インデックスです。米国市場には 7000 以上の株式があるので、銘柄数では 7％を占めるに過ぎませんが、時価総額では 4 分の 3 を占めます。

S&P 500 に連動するファンドとしては、**SPDR S&P 500（SPY）**、

Vanguard S&P 500 ETF（VOO）、iShares Core S&P 500 ETF（IVV） があります。しかし、「米国市場のインデックス」により近いのは、Wilshire 5000という米国の5000以上の株式からなるインデックスです。

日本の証券会社からでも買えるVanguard Total Stock Market ETF（VTI）も米国市場の3554銘柄を保有していて、「米国市場のインデックス」に非常に近いETFです。これがS&P 500といかに乖離しているかは、下の図で明らかです。

◆米国インデックスのパフォーマンス

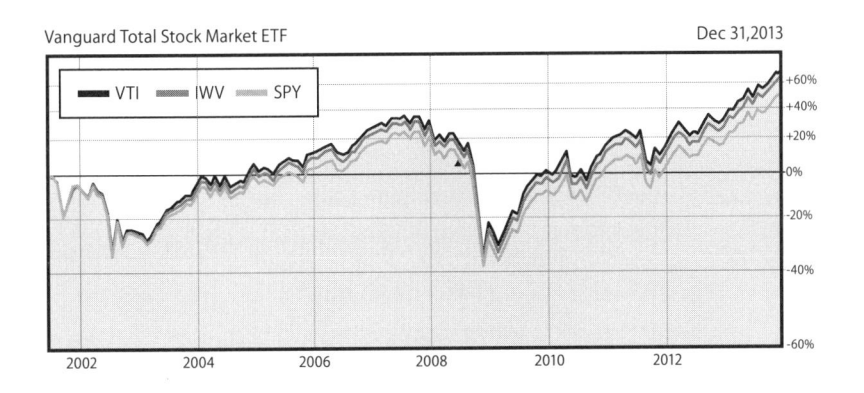

また、Russell 3000は投資可能な米国株式の時価総額の98％をカバーしており、それに連動するETFは **iShares Russell 3000 Index（IWV）** です。

4 スタイル別ETF

ここからは実際に売買できるETFを中心に話を進めます。米国では、非常に多くの種類のETFが販売されています。中には、だれ

が買うのだろうかと思うような非常にマニアックなものもありますが、本書では、その中から、流動性があり実用性に優れている一部のETFを紹介します。

まず、大型株と小型株に分けて見ていきましょう。もちろん、その中間の中型株や、それらをすべて含んだトータル・マーケットのETFもありますが、ここでは、簡便性と実用性の点から、大型株と小型株に分けます。

次に、①バリュー②モメンタム③低ボラティリティ④ファンダメンタルのファクターで、大型株、小型株をサブグループに細分化します。さらに、バリューは、(ⅰ) 複合指数の組み合わせ (ⅱ) 収益 (ⅲ) 配当の3つに分けます。

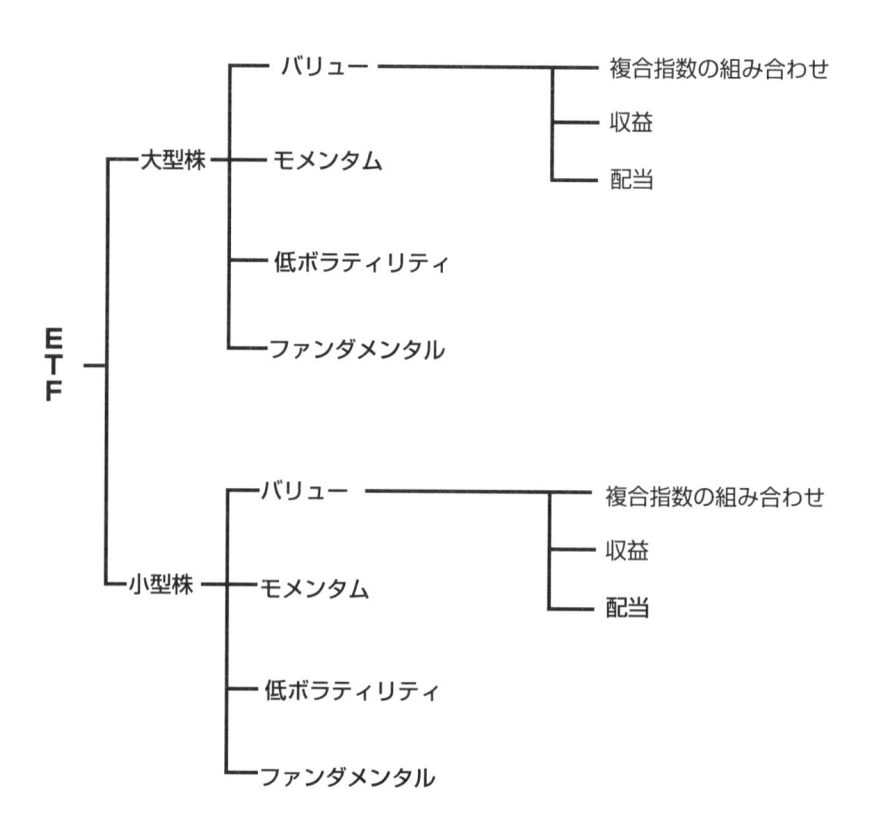

```
ETF ─┬─ 大型株 ─┬─ バリュー ──┬─ 複合指数の組み合わせ
     │          │             ├─ 収益
     │          │             └─ 配当
     │          ├─ モメンタム
     │          ├─ 低ボラティリティ
     │          └─ ファンダメンタル
     │
     └─ 小型株 ─┬─ バリュー ──┬─ 複合指数の組み合わせ
                │             ├─ 収益
                │             └─ 配当
                ├─ モメンタム
                ├─ 低ボラティリティ
                └─ ファンダメンタル
```

5　大型株 ETF と小型株 ETF

大型株としては、S&P 500 に連動する **SPDR S&P 500（SPY）** などが圧倒的な存在感を示しています。ニューヨーク証券取引所、アメリカン証券取引所、NASDAQ に上場している代表的な 500 銘柄の時価総額加重平均指数です。1 年に 4 回リバランスをし、経費率は 0.21％です。

ほかに、CRSP の Large Cap インデックスに連動する **Vanguard Large Cap ETF（VV）** があります。これは、Total Market インデックスの浮動株調整時価総額上位 85％の銘柄からなりますが、81％から 89％の間は「中間帯」として、部分的にウェイティングされます。648 銘柄を保有しています。経費率は 0.1％です。

ブラックロックが販売している iShares では、時価総額で上位 1,000 社までの Russell 1000 Index に連動する **iShares Russell 1000 ETF（IWB）** があります。経費率は 0.15％です。

一方、小型株 ETF としては、CRSP の Small Cap インデックスに連動する **Vanguard Small Cap ETF（VB）** があります。このインデックスは、Total Market インデックスの浮動株調整時価総額 85％から 98％の間の銘柄からなりますが、81％から 89％の間と 96％から 99.8％の間は「中間帯」として、部分的にウェイティングされます。1466 銘柄を保有し、経費率は 0.1％です。

iShares Russell 2000 ETF（IWM） は、時価総額で 2,000 位から 3,000 位までの銘柄により構成されています。小型株 ETF の中では、最もポピュラーなものです。

大型株と小型株のパフォーマンスを確認しておきましょう。最も、運用の歴史が長い **iShares Russell 1000 ETF（IWB）** と

iShares Russell 2000 ETF（IWM）で、大型株・小型株のパフォーマンスを見ると、下の図のように、小型株のパフォーマンスのほうが良いと確認できます。

◆小型株のパフォーマンス

iShares Russell 2000 ETF　　　　　　　　　　　　　　Dec 31,2013

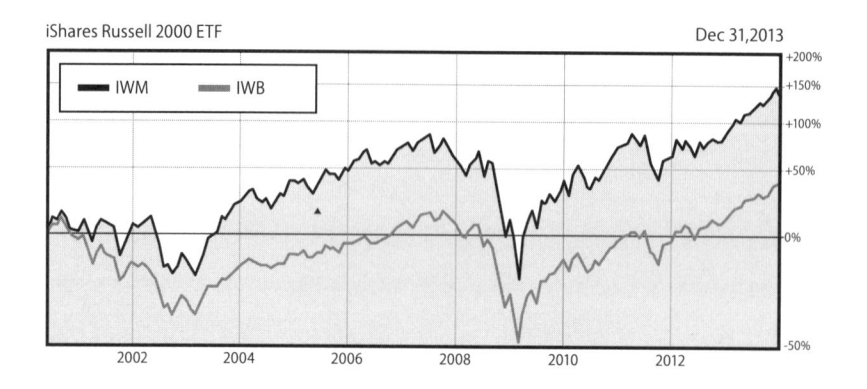

　他に、iShares Core S&P Small-Cap ETF（IJR）は、S&P600 Small Cap Index に連動するように運用されている ETF です。構成銘柄はその発行済み株式の合計浮動株調整後時価に従って加重されます。構成銘柄は3.5億ドルから16億ドルまでの時価総額を有しますが、流動性と産業グループも考慮されて、銘柄は選定されています。

　このように、一口に大型株・小型株 ETF と言っても、いろいろありますが、それぞれの ETF のパフォーマンスは大差ありません。

6　総合バリュー ETF

　大型株と小型株を、ほかのファクターでさらに細分化した ETF を見ていきます。

　Vanguard は、CRSP のマルチ・ファクター・モデルを使って、株式をバリューとグロースに分けています。予想は IBES コンセンサスを使っています。以下の 5 つのファクターをスコア化し、バリュースコアとします。

◎ PBR
◎予想 PER
◎実績 PER
◎配当比率
◎ PSR

　グロース・ファクターとしては、以下の 5 つを使い、同様にグローススコアとします。

◎予想長期利益成長率
◎予想短期利益成長率
◎過去 3 年間実績利益成長率
◎過去 3 年間実績売上高成長率
◎資産投資比（INV）
◎総資産利益率（ROA）

　さらに、バリュースコアとグローススコアのそれぞれで、株式をランキングし、2 つのランキングから、株式を 100％バリュー、50％バリュー・50％グロース、100％グロースに分類します。

このことにより大型株をバリューとグロースに分けます。バリューに分けられたETFが **Vanguard Value ETF（VTV）** で、グロースに分けられたETFが **Vanguard Growth ETF（VUG）** です。

小型株では、小型株バリューが **Vanguard Small Cap Value ETF（VBR）** で、小型株グロースが **Vanguard Small Cap Growth ETF（VBK）** です。経費率はいずれも0.1％です。

一方、iSharesは、Russellのスタイル・インデックスを使って、株式をバリューとグロースに分けています。下記のファクターをスコア化し、株式をランキングします。

◎修正PBR
◎予想中期（2年）成長率
◎実績売上高成長率（5年間）

株式はバリューとグロースの合計が100％になるようにウェイティングされます（例えば、株式AはRussellバリュー・インデックスに20％、Russellグロース・インデックスに80％のウェイティング）。

大型株バリューETFは **iShares Russell 1000 Value ETF（IWD）**、大型株グロースETFは **iShares Russell 1000 Growth ETF（IWF）** です。大型株では、最近10年以上にわたって、バリューとグロースは一進一退です。経費率は0.21％で、1年ごとにリバランスします（次ページの上の図）。

小型株バリューETFは **iShares Russell 2000 Value ETF (IWN)**、小型株グロースETFは **iShares Russell 1000 Growth ETF(IWF)** です。小型株では、ここ10年以上バリュー優位です（次ページの下の図）。

◆大型株バリューETFと大型株グロースETFのパフォーマンス

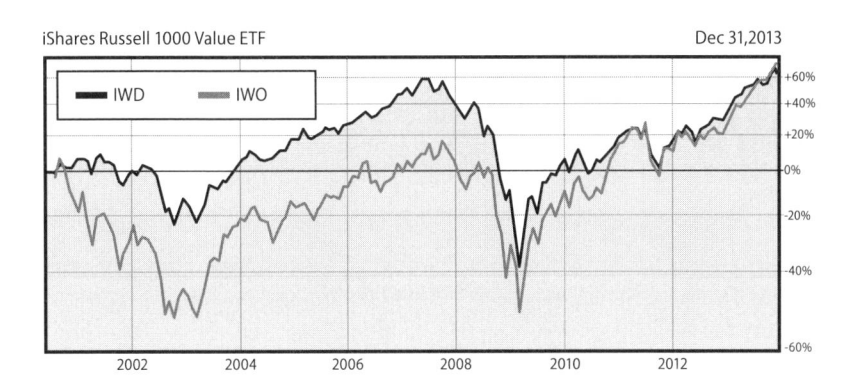

iShares Russell 1000 Value ETF　　　　　　　　　　　　　　Dec 31,2013

　　IWD　　　IWO

◆小型株バリューETFと小型株グロースETFのパフォーマンス

iShares Russell 2000 Value ETF　　　　　　　　　　　　　　Dec 31,2013

　　IWN　　　IWO

7　配当バリュー ETF

ウォートン校教授のジェレミー・シーゲルは1999年に出した『シーゲル博士の株式長期投資のすすめ』で、S&P500などに連動したETF（または投資信託）を薦めていました。しかし、2005年に出した『株式投資の未来』では高配当戦略を薦めています。

WisdomTreeは彼がアドバイザーとなって設立された運用会社です。2006年に彼の高配当戦略に基づくETFを販売しました。その中のひとつに **WisdomTree Dividend Top 100 Fund (DTN)** がありました。

2007年6月時点での金融（Financial）株の割合が30％を超えていてリーマン・ショックの時に、金融株のリターンがあまりに悪くなったので、このETFから金融株を除外して、WisdomTree Dividend ex-Financials Fund と名前を変えました。銘柄選択基準も変わり全く違うETFになってしまいましたが、TickerはそのままDTNです。途中からルールを変えることは、ふつうの感覚だとご法度ですが、ETFの世界では、珍しいことではありません。

現在は、WisdomTreeの大型株を対象にした配当バリュー系ETFが **WisdomTree Large Cap Dividend (DLN)** です。これは、時価総額で上位300社の企業の配当額に応じてウエイトを加重配分したポートフォリオからなるETF（インデックス）です。コントロールはSPDR S&P 500（SPY）です（次ページの上の図）。

小型株の配当バリュー系ETFは **WisdomTree Small Cap Dividend (DES)** で、時価総額で上位300社を控除した後の下位25％の企業の配当額に応じてウエイトを加重配分したポートフォリオからなるETFです。コントロールは小型株ETFのVanguard Small Cap ETF（VB）です（次ページの真ん中の図）。

iShares Select Dividend (DVY) は、Dow Jones U.S.

◆大型株配当バリュー ETF のパフォーマンス

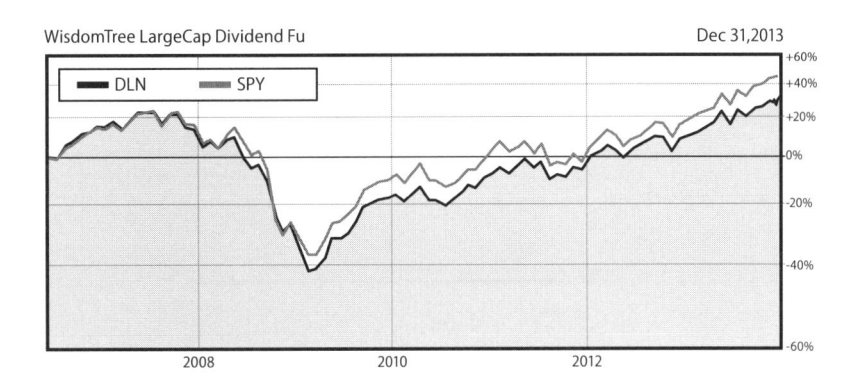

WisdomTree LargeCap Dividend Fu　　　　　　　　　　　　　Dec 31,2013
- DLN
- SPY

◆小型株配当バリュー ETF のパフォーマンス

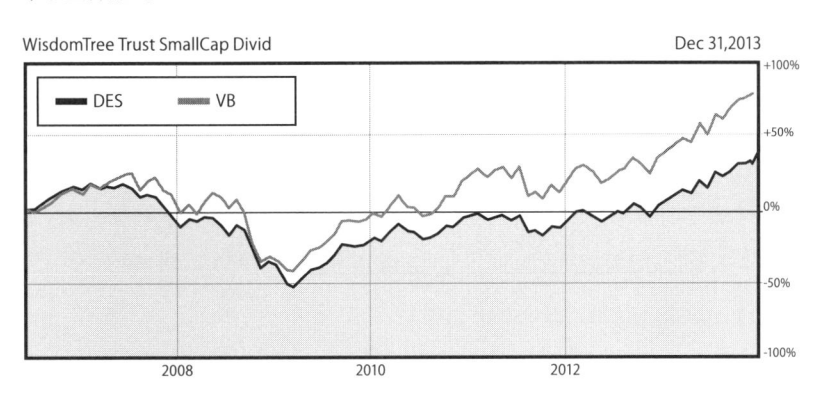

WisdomTree Trust SmallCap Divid　　　　　　　　　　　　　Dec 31,2013
- DES
- VB

◆配当バリュー ETF のパフォーマンス

iShares Select Dividend ETF　　　　　　　　　　　　　　　Dec 31,2013
- DVY
- VTI

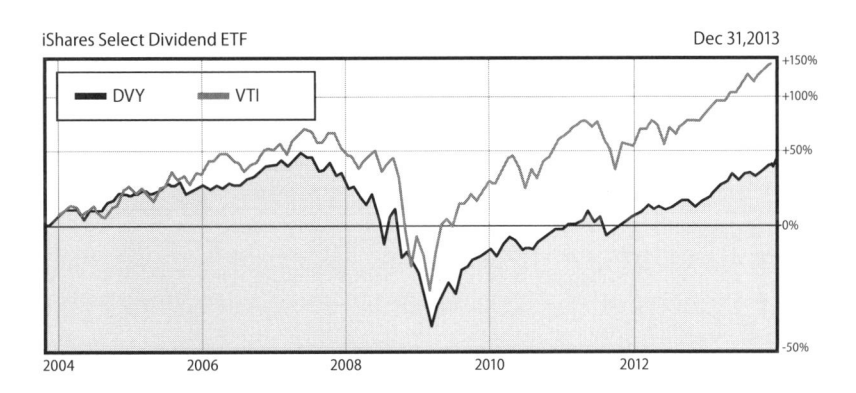

Indexを構成する銘柄から、当年の配当利回りが過去5年間の配当利回りの平均と同じか上回ること、payout ratioが60％以下であること、3ヶ月の最小平均取引高が1日200,000株以上である基準を満たす最も高配当な株式100銘柄で作成されています。リーマン・ショック以前の2007年7月の時点で、金融（Financial）株の割合は27％でしたが、現在（2013年10月）は11％になっています。経費率は0.4％です。このETFは中・小型株も組み入れているので、コントロールはVanguard Total Stock Market Cap ETF（VTI）です。

やはり、リーマン・ショック時に高配当だった金融株を多く組み入れていたため、リターンはあまり良くありません。前ページの下の図のように、近年は配当バリューのパフォーマンスは総じて不良です。

SPDR S&P Dividend（SDY） はS&P High Yield Dividend Aristocrats Indexに連動することを目指します。このインデックスはS&P Composite 1500 Index（S&P 500, S&P Mid Cap 400, S&P Small Cap 600）のうちの配当利回りが最も高い60の銘柄により構成されます。インデックスにおける構成銘柄は25年連続で毎年配当金を増加するという管理された配当政策に従っています。

Vanguardの配当バリューETFには、大型株が対象の**Vanguard High Dividend Yield ETF（VYM）**があります。これはFTSE High Dividend Yield Indexへの連動を目指したETFです。385銘柄を組み入れています。

8　収益バリューETF

収益バリューに基づいたETFを見ていきます。**WisdomTree Earnings 500 Fund（EPS）**は、S&P 500構成銘柄を利益でウエイティングしたインデックスに基づくETFです。最近6年間では、SPDR S&P 500（SPY）と大差ないリターンになっています（次ページの上の図）。

◆収益バリュー ETF のパフォーマンス

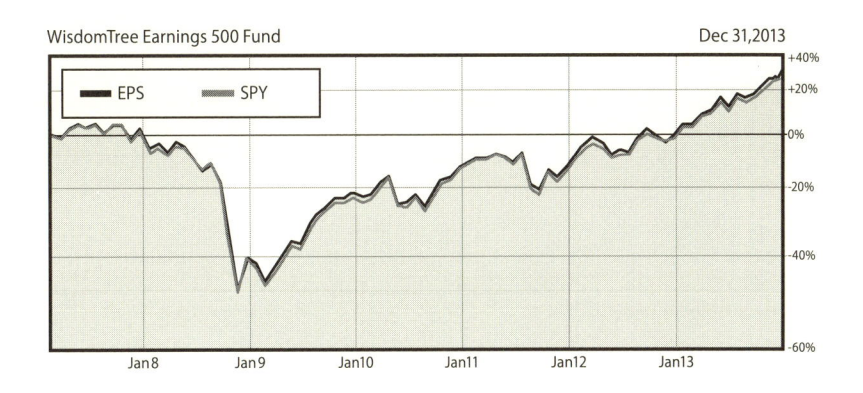

WisdomTree Earnings 500 Fund — Dec 31,2013
EPS / SPY

◆収益バリュー ETF（時価総額下位 25％）のパフォーマンス

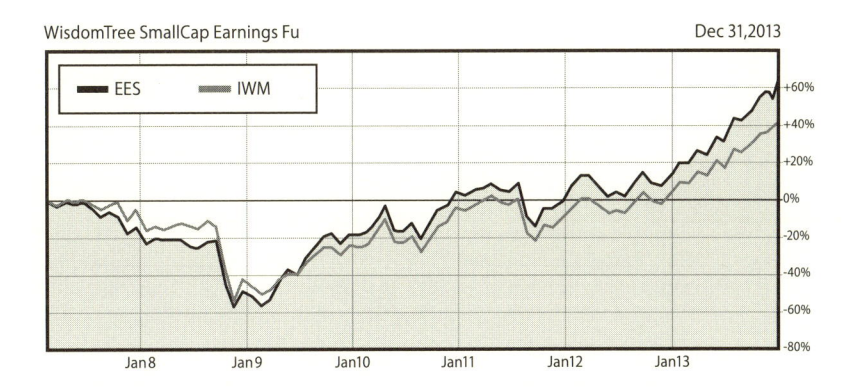

WisdomTree SmallCap Earnings Fu — Dec 31,2013
EES / IWM

一方、**WisdomTree SmallCap Earnings Fund（EES）**は、時価総額上位500社を除いた後の時価総額下位25％の銘柄を利益でウェイティングしたポートフォリオです（前ページの下の図）。コントロールの小型株ETFのiShares Russell 2000 ETF（IWM）に比べて、だいぶパフォーマンスが良くなっています。

9　ファンダメンタル・インデックス

　時価総額加重のインデックスは、投資家から過大評価されて時価総額が大きくなった株式を相対的に多く組み入れている可能性があります。

　アーノットが開発したファンダメンタル・インデックスは、企業の組み入れ比率を時価総額ではなく、企業の過去5年間の「平均売上高」「株主資本」「キャッシュフロー」「配当金」という4つの財務指標をベースにして、インデックスの組み入れ比率を決定します。キャッシュフローは営業キャッシュフロー、配当金は配当総額です。

　この4項目は、企業の収益力の大きさに比例するので、必然的に収益力の裏付けのある企業が増えることになります。

　一方で、赤字続きのバブル人気企業や、株主資本やキャッシュフローは小さいかマイナスで、無配当の企業も多いので、ファンダメンタル・インデックスでは大きな割合で組み入れられることはないとされています。

　このインデックスは、小型株やバリュー株の組み入れ比率が相対的に高くなっているので、それらの効果を見ているに過ぎないという根強い批判がありますが、次ページを見るとわかるように、大型株、小型株ともにファンダメンタル・インデックスに連動するETFのパフォーマンスは良好です。

　PowerShares FTSE RAFI US 1000（PRF）のパフォーマンスは次ページの上の図です。コントロールは、大型株ETFの

◆大型株ファンダメンタル・インデックスのパフォーマンス

PowerShares FTSE RAFI US 1000　　　　　　　　　　　　　　Dec 31,2013

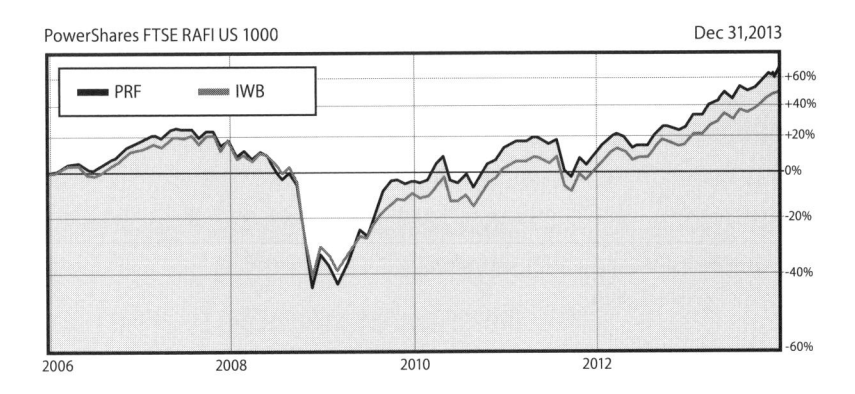

◆小型株ファンダメンタル・インデックスのパフォーマンス

PowerShares FTSE RAFI US 1500 Small-Mid　　　　　　　　Dec 31,2013

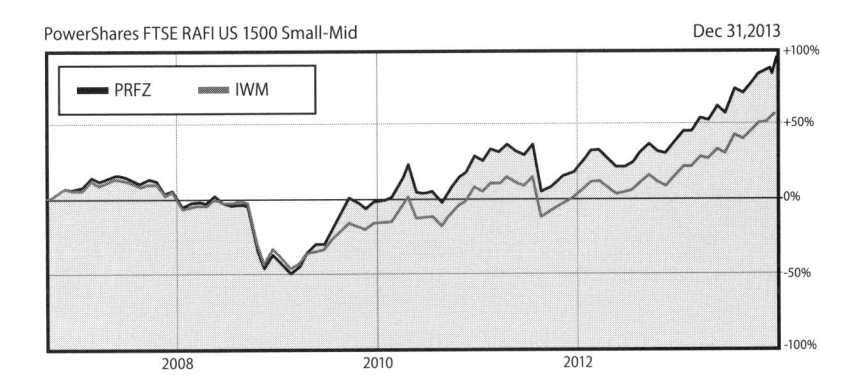

iShares Russell 1000 ETF（IWB）です。

PowerShares FTSE RAFI US 1500 Small-Mid（PRFZ）のパフォーマンスは前ページの下の図です。コントロールは、小型株 ETF の iShares Russell 2000 ETF（IWM）です。

10 モメンタム

PowerShares DWA Momentum（PDP）は、時価総額上位1,000社の中からモメンタムを基準に100銘柄を選びます。コントロールは、大型株 ETF の iShares Russell 1000 ETF（IWB）です（次ページの上の図）。

PowerShares DWA SmallCap Momentum（DWAS）は、時価総額下位2,000社の中から200銘柄を、モメンタムを基準に選びます。コントロールは、小型株 ETF の iShares Russell 2000 ETF（IWM）です。両方とも、モメンタムは、過去1年間の株価の相対パフォーマンスと思われます。この ETF は等金額ポートフォリオで、リバランスは年に4回です。経費率は 0.6％です。

次ページの下の図のように、大型株、小型株ともに、モメンタムは非常に有効のようですが、等金額投資の効果もあるように思われます。

11 低ボラティリティ

PowerShares S&P 500 Low Volatility（SPLV）は、S&P 500 Low volatility Index に連動する ETF です。

S&P 500 Low volatility Index は S&P 500 の中からボラティリティが低い100銘柄からなり、ボラティリティに反比例するウェイティングがされているインデックスです。経費率は 0.25％です。1年に4回リバランスをします。現状では、コントロールの SPY と一進一退の

◆大型株モメンタム ETF のパフォーマンス

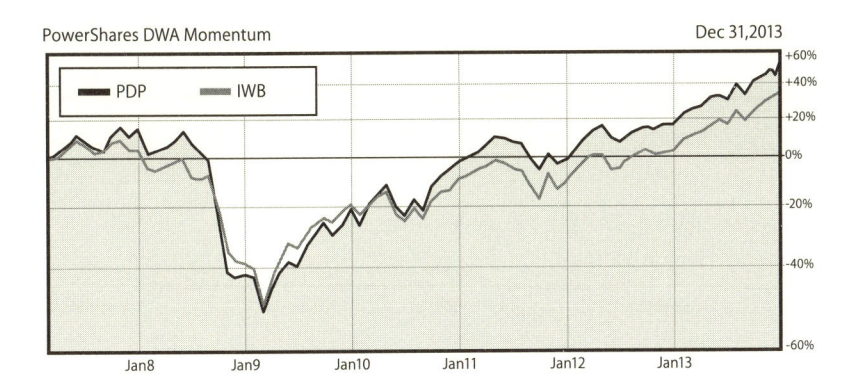

PowerShares DWA Momentum　　　　　　　　　　　　　　Dec 31,2013

◆小型株モメンタムのパフォーマンス

PowerShares DWA SmallCap Moment　　　　　　　　　　Dec 31,2013

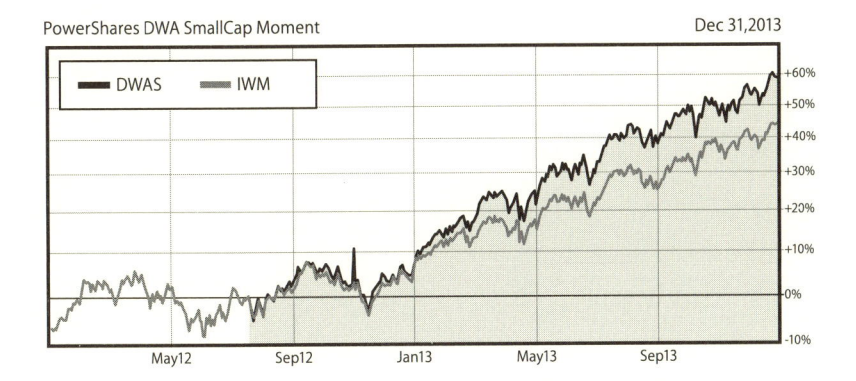

ようです（次ページの上の図）。

PowerShares S&P Small Cap Low Volatility（XSLV） は、S&P Small Cap Low volatility Index に連動する ETF です。このインデックスは、S&P Small Cap 600 の中のボラティリティが低い 120 銘柄からなり、同様に、ボラティリティに反比例するウェイティングがされています。

コントロールは、iShares Core S&P Small-Cap（IJR）です。低ボラティリティは、最近はあまり機能していないようです（次ページの真ん中の図）。

また、**iShares MSCI USA Minimum Volatility（USMV）** は個別銘柄ではなくポートフォリオ全体のボラティリティが低くなるように設定された ETF です。これも、パフォーマンスは悪くなっています。コントロールは、VTI（Vanguard Total Stock Market ETF）です（次ページの下の図）。

12　等金額加重ポートフォリオ

次に、いわゆる「サルの投資」と言われている等金額加重ポートフォリオについて見ましょう。以前から言われていることですが、サルがランダムに銘柄を選ぶ方法は、時価総額加重インデックスと同等か、それ以上のリターンをあげます。これは、マルキールが『ウォール街のランダム・ウォーカー』の中でも、ファンドマネージャーの無能を揶揄していたことで有名です。

マットソンとクレアによると、大型株 1,000 銘柄から、サルがランダムに、1 回あたり 0.1％のウエイトで 1 銘柄を選ぶことを 1,000 回繰り返します（もちろん、実際はコンピュータが行います）。銘柄が重複しても、そのまま継続します。同じ銘柄を 2 回選べば、ウエイトは 0.2％、3 回選べば、0.3％になります。そして、1 年ごとに銘柄を入れ替えます。この方法を 1,000 万回シミュレーションした結果、時

◆大型株低ボラティリティ ETF のパフォーマンス

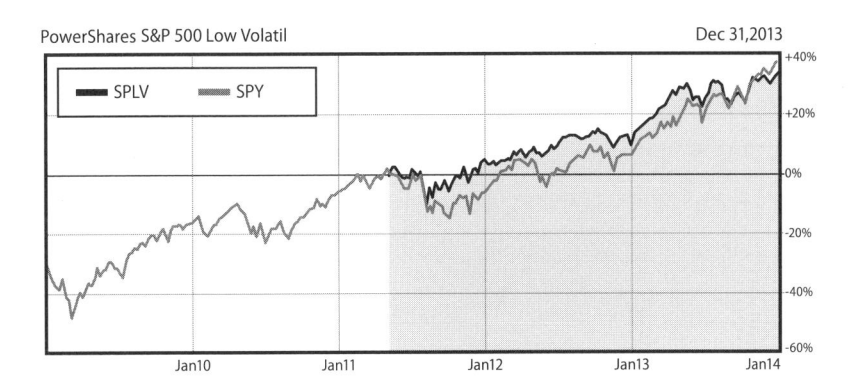

PowerShares S&P 500 Low Volatil　　　　　　　　　　　　Dec 31,2013
SPLV　SPY

◆小型株低ボラティリティ ETF のパフォーマンス

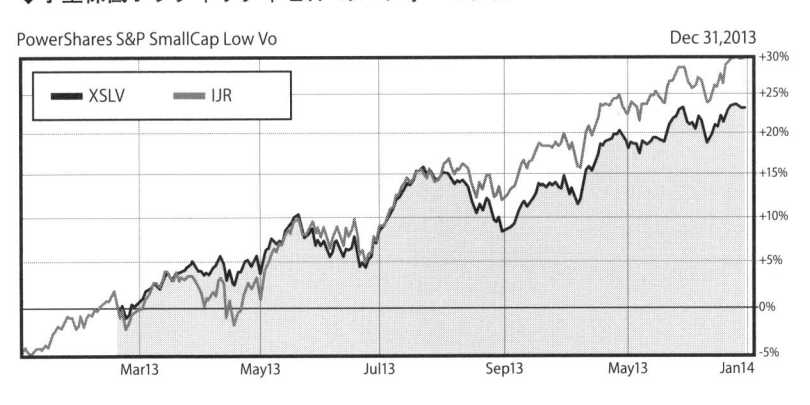

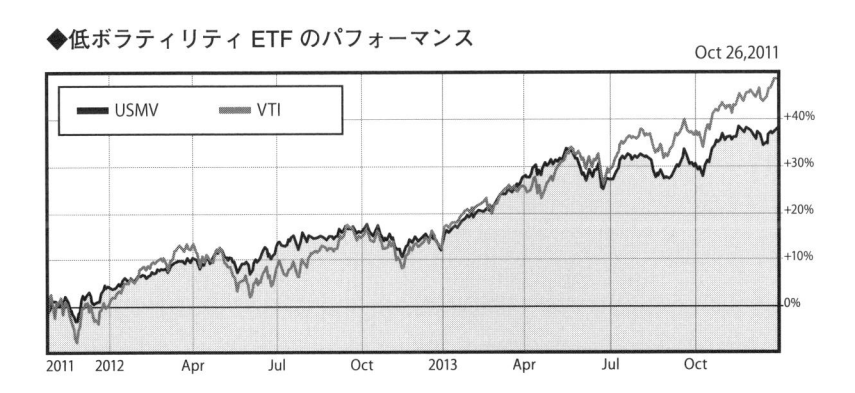

PowerShares S&P SmallCap Low Vo　　　　　　　　　　　Dec 31,2013
XSLV　IJR

◆低ボラティリティ ETF のパフォーマンス

　　　　　　　　　　　　　　　　　　　　　　　　　　Oct 26,2011
USMV　VTI

価総額加重インデックスはサルにほぼ全敗で、低 PBR の代替インデックスでも 10％以下の確率でしかサルに勝てませんでした。時価総額加重インデックスよりリターンが良いとされている高配当利回りの代替インデックスでも 30％以下しかサルに勝てませんでした。ちなみに、このシミュレーションでリターンが最も良かったのは低 PSR 戦略です。オーショネシーの結果と同じですが、データ・ソースがほとんど同じなので、ある意味、当然です。

プレイカ（Playkha）によると、サルがランダムに銘柄を選んで組んだポートフォリオ、つまり等金額加重ポートフォリオのリターンが時価総額加重ポートフォリオのそれより良い理由は、小型株効果、バリュー株効果に加えて、リバランス効果によると言います。しかし、リバランス効果は、1ヶ月ごとのリバランスでは効果が大きいですが、6ヶ月ごとでは、効果はほぼ0になります。マットソンとクレアの論文の「サルがランダムに銘柄を選ぶ方法」は、1年ごとにリバランスしているので、リバランス効果はほとんどなく、サルの勝因は、主として小型株効果とバリュー株効果によるものと思われます。

また、数学的には、分散が同一で、株価の動きが独立した銘柄からなるポートフォリオの分散は、等金額加重ポートフォリオが最小になります。したがって、等金額加重ポートフォリオを、「サルの投資」と言うのはサルに失礼で、「賢者の投資」の可能性があります。

S&P 500 での等金額加重ポートフォリオに追随するように設計された ETF には、**Guggenheim S&P 500 Equal Weight（RSP）** があります。この等金額加重ポートフォリオは3ヶ月ごとにリバランスされるので、リバランス効果は限定的と思われ、これらが時価総額加重ポートフォリオにアウトパフォームすれば、その源泉の多くは小型株効果とバリュー株効果によるものと思われます（次ページの上の図）。

小型株の Russell 2000（IWM）を対象にしたものは、**Guggenheim Russell 2000 Equal Weight（EWRS）** です（次ページの下の図）。

◆大型株等金額加重 ETF のパフォーマンス

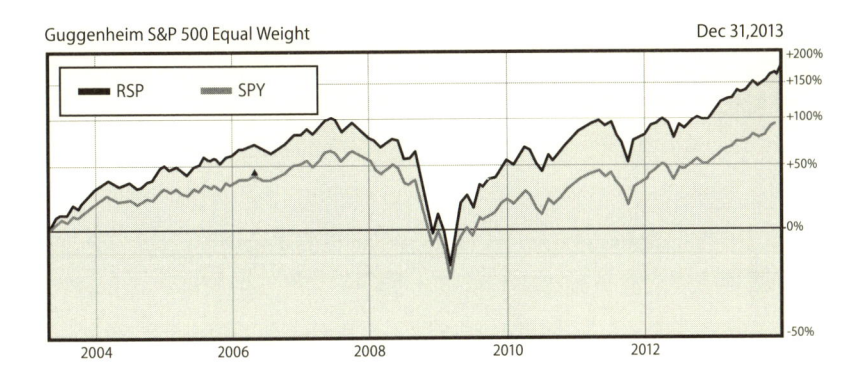

Guggenheim S&P 500 Equal Weight　　　　　　　　　　　　　　Dec 31,2013

RSP　　SPY

◆小型株等金額加重 ETF のパフォーマンス

Guggenheim Russell 2000 Equal Weight　　　　　　　　　　　Dec 31,2013

EWRS　　IWM

139

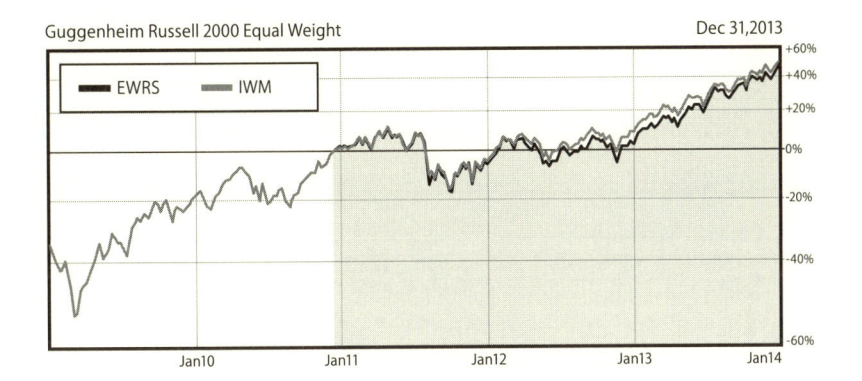

まだ期間が短いですが、小型株の等金額ETFはコントロールの小型株ETF（IWM）とほとんど差がありません（前ページの下の図。ただし、僅差で負けています）。

13　ETFのまとめ

以下、ETFについての話をまとめてみました。

◆米国

　上で述べた、比較的投資しやすい（流動性がある）ETFをまとめました（次ページの上段の表）。

　大型株を中心にして、無理やりチャートを作りました。コントロールはSPDR S&P 500（SPY）です（次ページの真ん中の図）。等金額ETFのGuggenheim S&P 500 Equal Weight（RSP）がこの期間では良いようです。

　小型株では、米国市場でのバリューETFのWisdomTree SmallCap Earnings Fund（EES）、PowerShares FTSE RAFI US 1500 Small-Mid（PRFZ）、PowerShares DWA SmallCap Momentum Portfolio（DWAS）、Guggenheim Russell 2000 Equal Weight（EWRS）を無理矢理ひとつのチャートにしたのが次ページの下の図です。コントロールは、米国小型株のインデックスに連動するiShares Russell 2000 ETF（IWM）です。

　いずれも、コントロールの小型株ETFのIWMよりはよいリターンをあげていますが、中でも小型株ファンダメンタルのPowerShares FTSE RAFI US 1500 Small-Mid（PRFZ）がこの期間では良かったようです。次いで、収益バリューのWisdomTree SmallCap Earnings（EES）です。

◆ ETF のまとめ（米国）

		大　型	小　型
バリュー	総合	iShares S&P 500 Value (IVE) Vanguard Value ETF (VTV)	Vanguard Small Cap Value (VBR) iShares Russell 2000 Value (IWN)
	収益	WisdomTree Earnings 500 Fund (EXT)	WisdomTree SmallCap Earnings (EES)
	配当	WisdomTree Large Cap Dividend (DLN) **SPDR S&P Dividend (SDY)** **iShares Select Dividend (DVY)** Vanguard High Dividend Yield ETF (VYM)	WisdomTree Small Cap Dividend (DES)
ファンダメンタル		PowerShares FTSE RAFI US 1000 (PRF)	PowerShares FTSE RAFI US 1500 Small-Mid (PRFZ)
モメンタム		PowerShares DWA Mom Pore (PDP)	PowerShares DWA SmallCap Momentum (DWAS)
低ボラティリティ		PowerShares S&P 500 Low Volatility (SPLV) iShares MSCI USA Minimum Volatility (USMV)	PowerShares S&P SmallCap Low Volatility (XSLV)
等金額		Guggenheim S&P 500 Equal Weight (RSP)	Guggenheim Russell 2000 Equal Weight (EWRS)

代表的なETFのみ。太字は日本の証券会社が扱っているETF

◆大型株 ETF のパフォーマンス（米国）

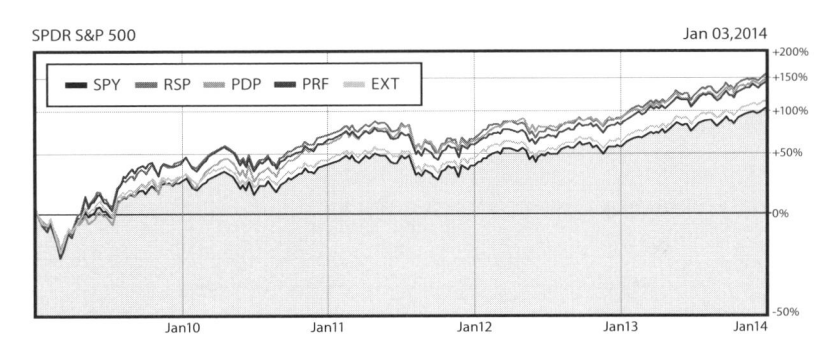

◆小型株 ETF のパフォーマンス（米国）

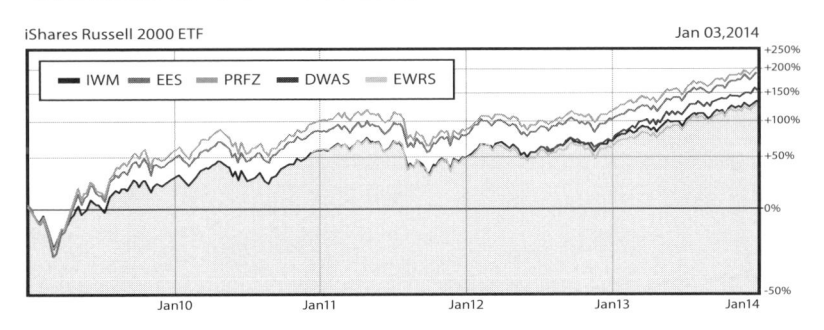

◆先進国(米国除く)

　先進国(米国除く)にも、同様のETFがあります。やはり、小型株ファンダメンタルのPowerShares FTSE RAFI Dev Mkts ex-US S/M（PDN）のファンダメンタル・インデックスは強いようです。

◆ETFのまとめ(米国除く先進国)

		大　型	小　型
バリュー	総合	iShares MSCI EAFE Value (EFV)	
	配当	iShares International Select Div ETF (IDV) WisdomTree DEFA (DWM)	WisdomTree International SmallCap Div (DLS)
ファンダメンタル		**PowerShares FTSE RAFI Dev Mkts ex-US (PXF)**	PowerShares FTSE RAFI Dev Mkts ex-US S/M (PDN)
モメンタム		DWA Developed Markets Momentum Portfolio ETF(PIZ)	
低ボラティリティ		iShares MSCI EAFE Minimum Volatility (EFAV) PowerShares S&P Intl Dev Low Volatility (IDLV)	

代表的なETFのみ。太字は日本の証券会社が扱っているETF

◆大型株ETFのパフォーマンス(米国除く先進国)

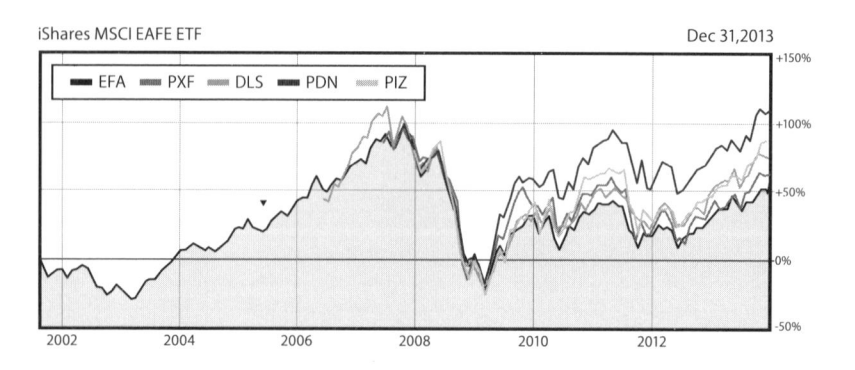

iShares MSCI EAFE ETF　　　　　　　　　　　　　　　　　　Dec 31,2013

凡例: EFA　PXF　DLS　PDN　PIZ

◆新興国

下記に ETF のリターンを示します。

◆ ETF のまとめ（新興国）

		大 型	小 型
バリュー	配当	WisdomTree Emerging Markets Equity Inc (DEM)	WisdomTree Emerging Mkts SmallCap Div (DGS)
ファンダメンタル		**PowerShares FTSE RAFI Emerging Markets (PXH)**	
モメンタム		PowerShares DWA Em Mkts Technical Ldrs (PIE)	
低ボラティリティ		iShares MSCI Emerging Markets Mini Vol (EEMV)	
等金額		Guggenheim MSCI Emerging Markets Eq Wt (EWEM)	

代表的なETFのみ。太字は日本の証券会社が扱っているETF

モメンタム ETF の PowerShares DWA Em Mkts Technical Ldrs （PIE）と低ボラティリティ ETF の iShares MSCI Emerging Markets Mini Vol （EEMV）が、この期間は良いです。小型バリュー（配当）ETF の WisdomTree Emerging Mkts SmallCap Div （DGS）もこれらとほぼ同等のリターンです。

◆大型株 ETF のパフォーマンス（新興国）

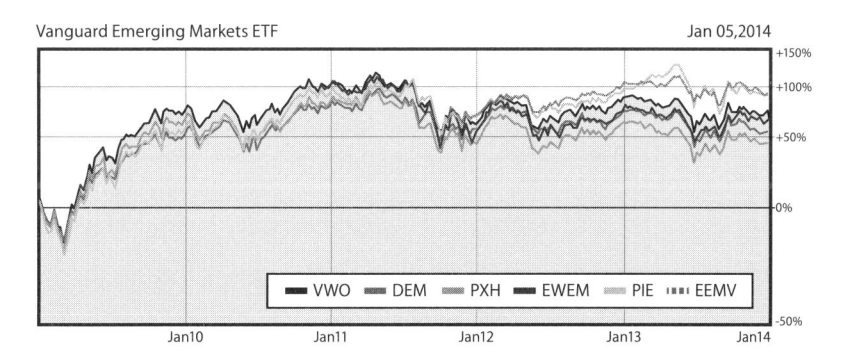

Vanguard Emerging Markets ETF　　　　　　　　　　　　　　　Jan 05,2014

VWO　DEM　PXH　EWEM　PIE　EEMV

一方、ファンダメンタルのPowerShares FTSE RAFI Emerging Markets（PXH）は全く駄目です。

◆セクター別 ETF

そのほかに、セクター別 ETF も有力な選択肢です。中でも、現在のバイオサイエンスの臨床への導入スピードと、今後の人口動態を考えたら、バイオテクノロジーと生活必需品の２つのセクターの ETF の比重は高めていいように思われます。

前者の代表的なものには **iShares Nasdaq Biotechnology (IBB)** です。これは通常 NASDAQ バイオテクノロジー指数に連動する投資成果を目指しています。

後者は **iShares Global Consumer Staples ETF（KXI）** が代表的です。S&P Global 1200 Consumer Staples Sector Index（同指数）と利回りパフォーマンスに連動する投資成果を目指します。同指数は Standard & Poor's Global 1200 Index のサブ指数です。構成銘柄は主に一般消費財、消費財、生活必需品会社を含みます。下図は、KXI の今までのリターンです。リーマン・ショック時のリターンを見てわかるように、景気にはあまり左右されないのも強みです。両方とも日本の証券会社で買えます。コントロールは Vanguard Total Stock Market ETF （VTI）です。

◆生活必需品・バイオ ETF のパフォーマンス

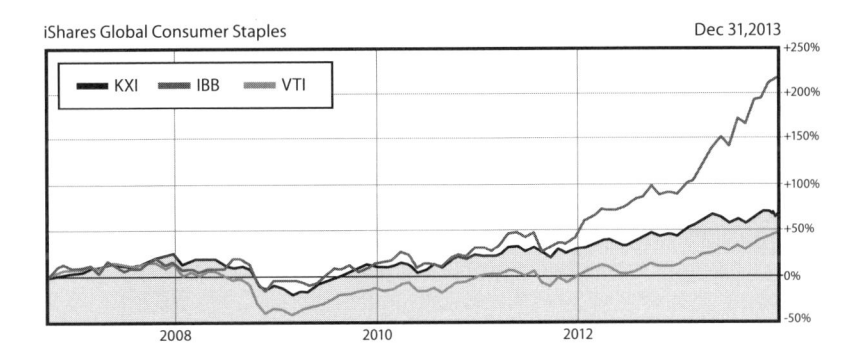

14 モデル・ポートフォリオ

　ここからはエビデンスとは全く関係なく、私の好みで、モデル・ポートフォリオを2つだけ紹介します。なお、スパン（投資期間）は10年以上を想定しており、原則として資産の取り崩しはしません。最晩年になるまで保有し、それまでの間に現金が必要な場合は、本書の後半で述べるオプション取引で得た収入を使います。

①モデル・ポートフォリオ1（米国株を中心にセクターを考慮して投資）

　長期的には、小型株のリターンのよさは明らかなので、半分を小型株ETFのVB（Vanguard SmallCap ETF）にします。しかし、VBは実際には成長株にかなり（約3分の2）偏っていること、長期的にはバリュー株のほうがリターンが良いことから、バリュー系小型株ETFのEES（WisdomTree SmallCap Earnings）にそのうちの半分（つまり全体の4分の1）を投資し、残り（全体の4分の1）をVBに投資したほうがいいでしょう。しかし、日本の証券会社で扱っているETFだけで構成したい場合は、VBを全体の半分にせざるを得ません。小型株のボラティリティが高いことを考慮して、残りの半分は、ボラティリティの低いKXI（iShares Global Consumer Staples ETF）とIBB（iShares Nasdaq Biotechnology）に半分ずつ投資します。

　このポートフォリオ（VB、EES、KXI、IBBに4分の1ずつ）の過去3年間のチャートは次ページの下の図のとおりです。コントロールはVanguard Total Stock Market ETF（VTI）です。

　このポートフォリオの2007年2月23日から2013年12月31日までの年率リターンは10.9%（VTIは6.4%）、標準偏差は24.2%（VTIは24.6%）と良いパフォーマンスです。

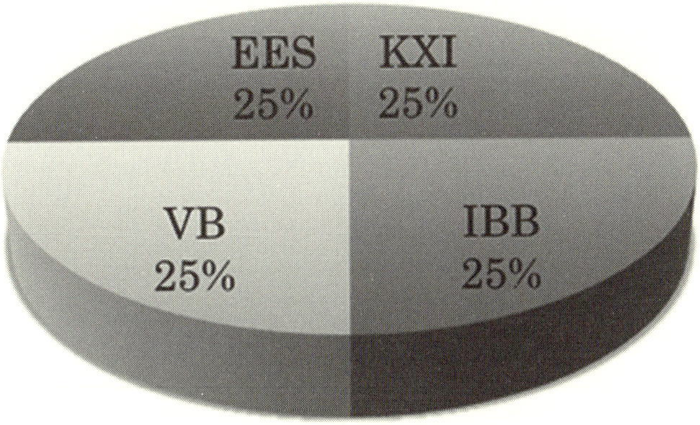
EES
25%
KXI
25%
VB
25%
IBB
25%

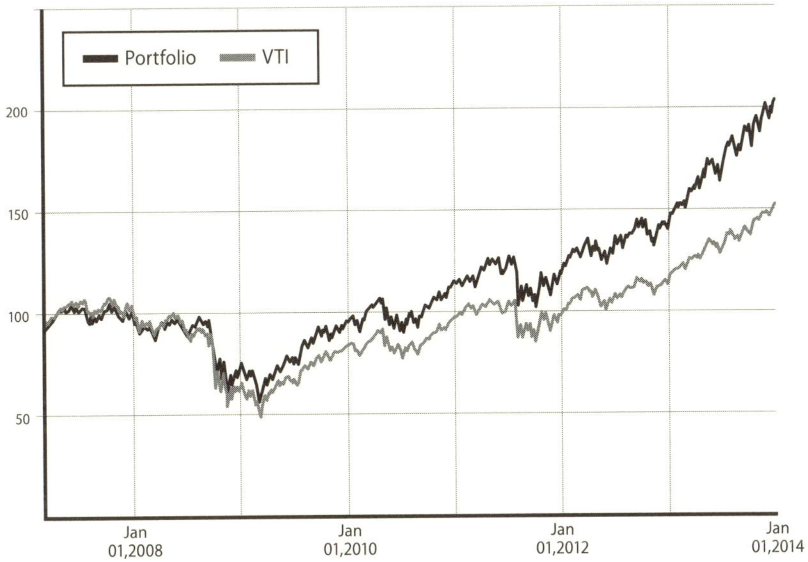
Portfolio
VTI
200
150
100
50
Jan
01,2008
Jan
01,2010
Jan
01,2012
Jan
01,2014

②モデル・ポートフォリオ2（グローバルにファンダメンタルに基づいて投資）

　先進国では、ファンダメンタル・インデックスが強いので、グローバル・ファンダメンタル・インデックス（FTSE ALL-World Index）に投資しようと思っても、現時点ではこれに連動するETFはありません。そこで、それに準拠したポートフォリオを作ります。ファンダメンタル・インデックス（PowerShares FTSE RAFI Emerging Markets）は新興国では今のところ、まったく駄目なのですが、入れてあります。

　FTSE ALL-World Indexは米国企業が全体の46％、米国以外の先進国が42％、新興国が12％なので、PowerShares FTSE RAFI US 1000（PRF）を25％、PowerShares FTSE RAFI US 1500 Small-Mid（PRFZ）を25％、PowerShares FTSE RAFI Dev Mkts ex-US（PXF）を20％、PowerShares FTSE RAFI Dev Mkts ex-US S/M（PDN）を20％、PowerShares FTSE RAFI Emerging Markets（PXH）を10％にします。

　このポートフォリオの2007年9月28日から2013年12月31日までのチャートは次ページの下の図のとおりです。コントロールはVT（Vanguard Total Market Stock）です。

　このポートフォリオのこの間の年率リターンは9.9％（VTは5.9％）、標準偏差は24.1％（VTは21.1％）と、悪くないパフォーマンスです。

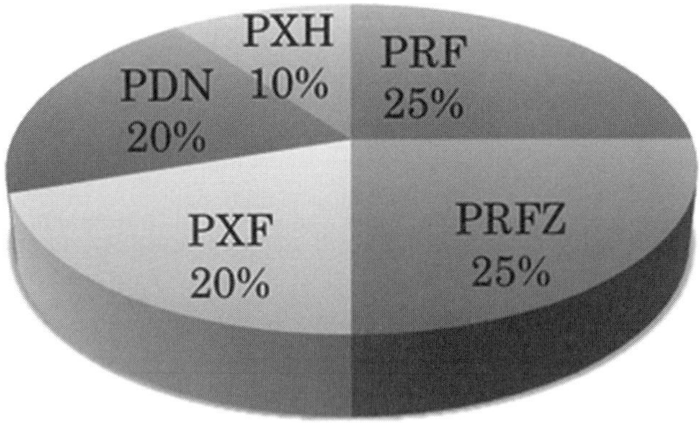
PXH
10%
PRF
25%
PDN
20%
PXF
20%
PRFZ
25%

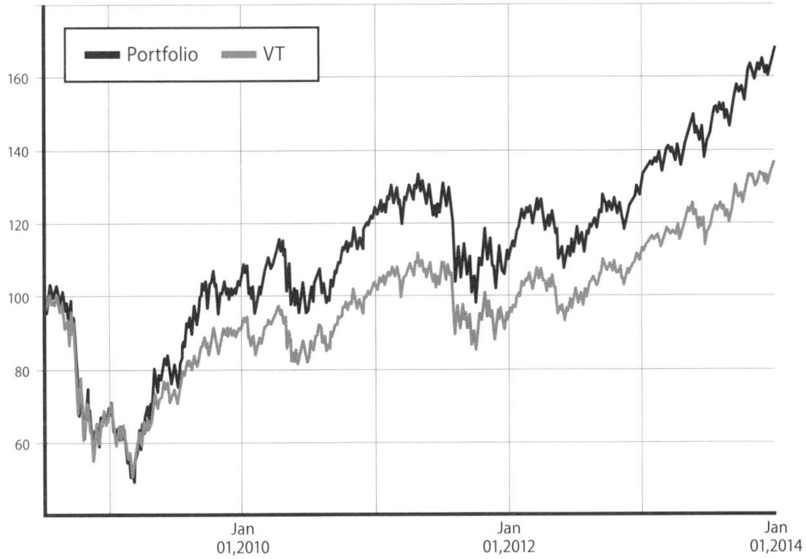
Portfolio
VT
160
140
120
100
80
60
Jan
01,2010
Jan
01,2012
Jan
01,2014

【第３章の註】

※10　ワラント（97ページ）
ある株式を特定の期間（7年とか10年）に特定の価格で買う権利を保有者に与える権利。LEAPSと違って、株式の発行会社によって発行される

※11　しかし、資産規模が大きくなるにつれて運用成績は低下し、その後の11年間ではS&P 500に負けた年が8年あり、とくに1996年、1997年はS&P 500を5～6ポイント下回るリターンとなりました（98ページ）
ピーター・リンチは1990年に一旦引退したが、1992年に復帰。しかし、ファンドの運営を直接することはなかったらしい

※12　EV／EBIT（102ページ）
EVとは、時価総額＋有利子負債－手元流動性
EBITとは、金利税引き前利益

※13　ROC（102ページ）
金利税引き前利益／［（流動資産－手元流動性）－（流動負債－短期借入金）＋（有形固定資産－建設仮勘定）］

※14　バロンズ（102ページ）
米国の投資情報誌

※15　MSCI（120ページ）
モルガンスタンレー・キャピタル・インターナショナル社

※16　CRSP（120ページ）
シカゴ大学証券価格調査センター

※17　FTSE（120ページ）
FTSEインターナショナル・リミテッド

第2部

第1章

オプション取引の基礎

1　株式・投資信託・ETF を買ってはいけない

　さて、ここまで、株式投資について書いてきましたが、実は、株式や投資信託あるいは ETF に投資するのは必ずしも賢明なことではありません。

　本書の読者の大部分は、既に株式に投資をしているか、投資を検討中だと思いますが、なぜ、リスクを冒してまで、株式に投資するのでしょうか？　より高いリターンを期待しているからでしょうか？　もしそうなら、株式に投資すべきではありません。なぜなら、より低いリスクで、より大きなリターンを得る方法があるからです。

　まず、**個別銘柄への投資はやめるべき**です。ファンダメンタル分析をするには財務諸表を読むことは必須ですが、かつてのワールドコムやエンロンの例を出すまでもなく、プロが財務諸表を読んでも見抜けなかったものを、個人投資家が見抜けるはずがありません。

　競争には2種類あります。ひとつは、普通のレベルでの競争です。私たちは、子供の頃から、親や学校の先生から「頑張れば、良い大学に入れる」と言われてきました。それはこのレベルでの競争の場合は本当です。努力すれば、多くの人は、そこそこの有名大学には入れるでしょう。

　もうひとつは、最高レベルで行われる競争です。これは才能がなければどんなに頑張っても勝てないレベルの競争です。スポーツで言えば、オリンピックレベルでしょうか？　将棋・囲碁の世界では、A級戦の棋士たちのレベルでしょうか？　その下には何百倍、何千倍もの人たちがいます。

株式投資で継続して儲けられる人は、コイン投げで続けて表が出る人よりも少ないという多くの証拠があります。仮にコイン投げよりうまく投資ができる人がいるとしても、それは多くても全体の1％の投資家だけです。その比率を考えれば、株式市場での競争はこの最高レベルでの競争に近いでしょう。　この最高レベルでの競争は凡人の努力などほとんど無意味です。勉強や練習が意味あるのは、それ以下の99％の中での順位です。その中では、勉強や練習をすれば、成果が出ます。株式投資でも、勉強すればその中では多少順位が上がるかもしれません。しかし、残念ながら、株式投資の場合は、他の場合と違って、その中で多少順位が上がっても意味がないのです。そして、上位の数％に入るのは凡人がいくら勉強してもほとんど不可能です。

　個人投資家の多くは、ある企業についての好意的な記事を新聞か雑誌で読んで、財務諸表に目を通して、株式の購入を決めると思います。
　一方、プロは財務諸表の隅々まで、行間までも読み、社長などの上級役員と接触をして生の情報を入手して、今後の見通しを調べ、さらにサプライチェーンを調べ、販路を調べ、その業界の今後の見通しなどをその道のプロから聞くなどしてから、株式を買うかどうかを判断します。個人投資家の数十倍の時間をかけて、分析しています。個人投資家がプロに勝てると考える合理的な理由が見つかりません。
　個別銘柄に投資する場合は、決算発表やアナリストの利益予想の発表にいつも注目していなければいけません。それらの決算発表やニュースで、株価が下落する可能性が常にあり、投資家はその度にヒヤヒヤしなければいけません。利益が事前の予想に達しないで株価が下落するかもしれません。予想利益に達しても、アナリストの利益予想に達しないために株価が下落するかもしれません。アナリストの利益予想に達していても、売上高が悪くて、株価が下落するかもしれません。あるいは、それらを全部クリアしていても、今後の見通しにつ

いてのガイダンスが悪くて、株価が下落するかもしれません。

　アクティブ型の投資信託もやめるべきです。本書の前半で示したように、プロが運用している年金資金や投資信託の成績を見ると、優れたファンドマネージャーがいるとしても、彼（彼女）たちの成績は、「市場の平均」を僅かに上回る程度であり、信託報酬のコストで利益はほとんど消えてしまいます。しかもその成績に持続性もないことが証明されています。　それはプロが無能だからではありません。株式市場が非常に効率的だからです。

　では、インデックス投資、つまりETFはどうでしょうか？　確かに、個別銘柄に投資するよりはいいでしょう。継続して「市場の平均」を上回れる成績を残せる上位数％以外の大部分の投資家が最初から「市場の平均」に投資することには十分な合理性があります。
　しかし、これに対する答えは、**「普通の伝統的な方法ですべてをETFに投資すべきではありません」**というものになります。なぜなら、株式相場そのもののリスクが大きすぎるからです。下げ相場が数年続くことは珍しくありません。1年で20％も株価が下がることはしばしばあります。このような時にインデックス投資で利益を上げるのは不可能です。

　では、相場の動向に関係なくても、利益を上げられる方法は何でしょうか？　それはオプションを利用することです。
　また、仮に、今後株価が上昇することに確信がもてるような銘柄があるとすれば、株式に投資するよりはるかに少ない元金ではるかに大きなリターンが望めるコール・オプションを買うべきです。ファンダメンタル分析に自信のある人は、株式を買うよりもオプションを利用したほうがはるかに大きな収益があげられます。ジム・クレイマーも

メルク（MRK）のコール・オプション買いで大儲けしたようです。

　これからオプションの話をしますが、日本のオプションは、実質的には日経225オプション（およびミニ日経225オプション）と僅かに長期国債先物オプションがある程度です。もちろん、日本には実際にこれらのオプションのトレードをしている人は多くいますが、本書ではこれは扱いません。サラリーマンには、時間的制約からこれらのオプションのトレードは難しいからです。また、制度上の理由や流動性の欠如により、本書で取り扱うオプション取引の大部分は日本ではできません。そのため、本書では、米国のオプションのみを取り扱います。

2　オプションとは

　オプションとは、**原資産（本書では株式）を、満期日までに、「あらかじめ定められた価格」で売買する権利**のことです。「あらかじめ定められた価格」を権利行使価格と言います。オプションの買い手と売り手が株式の売買を行うと約束した価格のことです。

　これは少しわかりにくい概念なので、コンピュータを買う場合を例にして、見ていきます。今、KAPPAさんが1ヶ月後に出るボーナスでコンピュータを買うかどうか考えているとします。定価は20万円で、いつもは定価通りで売られていますが、今日まで「楽天優勝セール」で1万円引きとします。しかし、現在はそれだけの現金がありません。ローンを組んで買ったり、（楽天が同意すれば）現時点で「1ヶ月後にコンピュータを19万円で受け渡す」という契約（先物取引）をするのもひとつのアイデアですが、金利が高かったり、1ヶ月後に同じコンピュータが楽天市場で18万円の価格で売られていても先物取引は取り消しができないので、契約どおりに19万円で買わなければいけないというリスクがあります。

　KAPPAさんは1ヶ月後にコンピュータがいくらで売買されているかを予想します。定価通り20万円で売られているかもしれないし、キャンペーンが延長されて19万円で売られているかもしれません。あるいはさらに値引きされて18万円で売られているかもしれません。こういう時に、楽天とオプション契約〔正確に言うと、発行会社（楽天）によって発行されるので「カバードワラント」に近い〕ができると便利です（もちろん、実際にはできません）。つまり「1ヶ月後に

コンピュータを1台19万円で買う」という権利を楽天から買うのです。もし、1ヶ月後に価格が18万円になっていたら、権利を行使せず、ふつうに楽天市場で買えばいいのです。逆に、1ヶ月後に価格が20万円になっていたら、「1ヶ月後にコンピュータを1台19万円で買う」権利を行使して19万円で買うことができます。

　この権利は非常に便利ですが、権利はただでは手に入りません。その権利の値段を、ここでは2,000円にしましょう。この2,000円がオプションの価格です。2,000円は手付け金ではありませんから、権利を行使してコンピュータを19万円で買う時は、2,000円とは別に19万円を払わなければいけません。権利の値段、つまりオプションを買うのに2,000円払っていますから、合計19万2,000円を支払うことになります。

　原資産である株式を「買う権利」を**コール・オプション**、「売る権利」を**プット・オプション**と言います。上記のコンピュータの例は、買う権利でしたから、コール・オプションです。本書で示す実際のオプションの原資産は、もちろん株式です。

コール・オプション：満期日までに権利行使価格で株式を買う権利
プット・オプション：満期日までに権利行使価格で株式を売る権利

3 オプション取引

「オプション」という名の通り、それを持っている人が、満期日までのいつでも自分にとって利益が出る時に「買う権利」または「売る権利」を行使できます。利益が出ない時は行使しなくてかまいません。先物取引でも「あらかじめ定められた価格」で将来のものや商品の売買が行われますが、この将来の時点での価格が、「あらかじめ定められた価格」より下がっていて市場から買ったほうが得だとしても、契約をした人は「あらかじめ定められた価格」で買わなければいけません。ここがオプションと先物取引との大きな違いです。

なぜこのような面倒くさいオプション取引を好き好んでするのでしょうか？　詳しくは後述するとして、大きく言って、次の3つの利点があるからです。それぞれ、オプション取引の戦略が異なりますので、代表的な戦略の名前を記します。今は、言葉の意味がわからないかもしれませんが、後ほど説明します。ここでは、読み流して構いません。

◎高いレバレッジ：（アウト・オブ・ザ・マネーの）LEAPSコールの買い
◎株式を保有している場合の保険：プロテクティブ・プット
◎プレミアムの獲得：カバード・コール、現金確保プット売り、LEAPSダイアゴナル・スプレッド

オプションは市場で売買されます。株式のオプションは、シカゴ・オプション取引所（CBOE）などの取引所で、売買されます。
　まず、本書で取り扱うオプションは、満期日までのいつでも権利を

行使できるアメリカン・タイプのオプションです（この他に満期日しか権利を行使できないヨーロピアン・タイプのオプションもあります）。

オプション取引は、株式と同様に、「売り」から入ることもできます。つまり、オプション取引では「コール・オプションの買い」と「コール・オプションの売り」、「プット・オプションの買い」と「プット・オプションの売り」という4つの売買があります。

> ◎コール・オプションの買い：「株式を買う権利」の買い
> ◎コール・オプションの売り：「株式を買う権利」の売り
> ◎プット・オプションの買い：「株式を売る権利」の買い
> ◎プット・オプションの売り：「株式を売る権利」の売り

オプションを手に入れるには、対価（オプション価格＝プレミアム、後述）を相手方（売り方）に払わなければいけません。逆にオプションを売る方は、対価（オプション価格＝プレミアム）を相手方（買い方）から得ることができます。

権利を行使できるのは権利を買った方（買い方）のみです。権利を売った側（売り方）には権利はなく、逆に、相手側（買い方）に権利を行使された場合、それに応じなければならない義務があります。

このオプション価格（＝プレミアム）がどうやって決まるかについては、後述します。オプション価格（プレミアム）を入れて、もう一度、次ページにまとめます。

◎コール・オプションの買い
　オプション価格（プレミアム）を支払うことにより、自分にとって有利な時だけ、権利行使価格で株式を買う権利を得る。

◎コール・オプションの売り
　オプション価格（プレミアム）を受け取る代わりに、自分にとって不利な時でも、権利行使価格で株式を売る義務を負う。

◎プット・オプションの買い
　オプション価格（プレミアム）を支払うことにより、自分にとって有利な時だけ、権利行使価格で株式を売る権利を得る。

◎プット・オプションの売り
　オプション価格（プレミアム）を受け取る代わりに、自分にとって不利な時でも、権利行使価格で株式を買う義務を負う。

4 権利行使価格と原資産価格（株価）の関係

次に、権利行使価格と原資産価格（株価）の関係を見ていきましょう。以下の3つのパターンがあります。

◎イン・ザ・マネー（in the money ＝ ITM）

オプションが権利行使されると、本質的価値が出る状態です。

コール・オプションの場合は、原資産価格（株価）が権利行使価格を上回った状態（＝権利行使価格が原資産価格よりも低い状態）を指します。

プット・オプションの場合は、原資産価格（株価）が権利行使価格を下回った状態を（＝権利行使価格が原資産価格よりも高い状態）を指します。

◎アウト・オブ・ザ・マネー（out of the money ＝ OTM）

オプションが権利行使されると、本質的価値が出ないです。

コール・オプションの場合は、原資産価格（株価）が権利行使価格を下回った状態（＝権利行使価格が原資産価格よりも高い状態）を指します。

プット・オプションの場合は、原資産価格（株価）が権利行使価格を上回った状態を指します（＝権利行使価格が原資産価格よりも低い状態）を指します。

◎アット・ザ・マネー（at the money ＝ ATM）

オプションの原資産価格（株価）が権利行使価格と同じ状態です。

5 オプションの価格

　オプションが売買取引される値段が**オプション価格**、つまり**プレミアム**です。オプション価格とは、そのオプションがどれくらいの価値を持っているか、つまりどれくらいプレミアムがあるかを意味します。

　オプション価格とプレミアムは同じものです。本書では、基本的にオプション価格と表記していますが、プレムアムと表記したほうがイメージしやすいところではプレミアムと表記しています。

　ここでは、オプションの価格はどうやって決まるのかを見ていきます。

　オプションの理論値は、ブラック＝ショールズ・モデルが発表された後に、二項モデルで計算できることが明らかになりました。特に、本書で扱う満期日前に権利を行使できるアメリカン・タイプのオプションはブラック＝ショールズ・モデルでは計算できませんが、二項モデルで計算できます。これは大学の教養学部程度の知識で十分理解できますが、本書では割愛します。

　オプション価格は、現時点でどれくらいの利益が発生しているかという**本質的価値**と、今後どれくらいの利益が得られる可能性があるかという**時間価値**の2点で決まります。オプション価格（＝プレミアム）は、本質的価値と時間価値の合計です。

1 本質的価値

　本質的価値とは、**現時点でオプションの権利を行使した場合の価値**のことです。つまり、権利行使価格と原資産の市場価格（株価）の差額です。オプションの権利を行使することにより、原資産の市場価格（株価）に比べてどれだけ有利に原資産を買えるか（あるいは売れるか）

を示しています。

　本質的価値があるのはコール・オプションとプット・オプションともにイン・ザ・マネーの時だけです。

　コール・オプションの場合、例えば、株式の市場価格（株価）が110ドルの時、イン・ザ・マネーである権利行使価格100ドルのコール・オプションを購入して、すぐに株式を買う権利を行使すると、10（＝110－100）ドルの利益が得られます。つまり、このオプションには、現時点で10ドルの価値があります。これが本質的価値です。コール・オプションの本質的価値は「株価－権利行使価格（株価＞ 権利行使価格）」です。「株価＜ 権利行使価格」、つまりアウト・オブ・ザ・マネーの時は、本質的価値はゼロです。

　プット・オプション（売る権利）の場合は、株価が権利行使価格より安い場合に本質的価値が発生します。株価が80ドルの時、イン・ザ・マネーである権利行使価格が100ドルのプット・オプションの本質的価値は20（＝100－80）ドルです。プット・オプションの本質的価値は「権利行使価格－株価（株価＜ 権利行使価格）」です。「株価＞権利行使価格」、つまりアウト・オブ・ザ・マネーの時は、本質的価値はゼロです。

2　時間価値

　時間価値とは、**将来の値上がりする可能性に対する価値**です。時間価値は、「満期日までの時間余地」と「満期日までに利益になる確率の高さ」の2つの要素からなります。

　オプションには満期日があります。満期日までが長いほど、それまでの間に株価がオプションの買い手にとって有利な方へ動く可能性があります。しかし、現時点では、その株価が将来いくらになるかはわかりません。そこで、将来、値上がりするかもしれないという期待に

対してプレミアムがつけられます。それが時間価値です。

　コール・オプションとプット・オプションには、満期日前のアウト・オブ・ザ・マネー、アット・ザ・マネー、イン・ザ・マネーのいずれにあっても、すべて時間余地が与えられています。満期日までの日数の長いオプションは時間余地が多いので、時間価値は高くなります。

　コール・オプションとプット・オプションともに、すべての満期日前のアウト・オブ・ザ・マネーとアット・ザ・マネーのオプションには、イン・ザ・マネーになる確率が残されていますが、イン・ザ・マネーになる確率が一番高いのはアット・ザ・マネーのオプションです。したがって、時間価値は、常にアット・ザ・マネーで最大となります。

　オプションの時間価値は、下記の6つの要素により決まります。この中で、投資家が自分で決めることができるのは、権利行使価格と満期日までの残存日数の2つだけです。そして、この中で、最も数値を推定しにくいのが、将来の株式のボラティリティです。

```
●原資産の価格（株価）
●権利行使価格
●満期日までの残存日数
●将来の株式のボラティリティ
●将来の無リスク金利
●将来の配当
```

3　オプション価格を変化させる要因

　オプション価格が「原資産の価格（株価）」「満期日までの残存日数」「将来の株式のボラティリティ」「将来の無リスク金利」「将来の配当」

などの前提条件によって、どう変化するかを、それぞれ見ていきましょう。

①原資産の価格（株価）

　コールの買い方（holder）は株価が権利行使価格を上回った分だけ利益を得る権利を有しています。したがって、**株価が高くなれば、コールのオプション価格（プレミアム）は高くなり、株価が低くなれば、コールのオプション価格は低くなります。**

　一方、プットの買い方は、株価が権利行使価格を下回った分だけ利益を得る権利を有しています。したがって、株価が低くなれば、**プットのオプション価格は高くなり、株価が高くなれば、プットのオプション価格は低くなります。**

　この原資産の価格（株価）の変化額に対するプレミアムの変動率を**デルタ**と言います。

> デルタ（δ）＝プレミアムの変化幅÷株価の変化額

　例えば、デルタが0.5であるということは、原資産の価格（株価）が10変化すれば、コールの価格（プレミアム）は5変化するということを意味します。プットの価格はマイナスのデルタを持っているので、株価が10変化すれば、プレミアムは－5変化します。

　デルタには、もうひとつの重要な特性があります。それは、「デルタ＝そのオプションが権利行使日にイン・ザ・マネーになるかどうかの確率を示す」という点です。

　例えば、アット・ザ・マネーのコールのデルタは0.5に近い値です。つまり、このオプションが権利行使日に権利行使価格を上回る確率は、

だいたい50％だということです。デルタが50％ということは、その時点におけるスポット価格が、正規分布における平均、ちょうど真ん中に位置していることになります。

株価の変化により、オプションのプレミアムが変化するのと同様に、デルタも変化します。権利行使価格が株価よりはるかに高いfar OTM（ファー・アウト・オブ・ザ・マネー）のコール（次ページの図の①）のデルタは0に近く、株価が変化してもほとんどコールの価格は変化しません。

一方、権利行使価格が株価以下であるイン・ザ・マネーのコールのデルタは大きく、deep ITM（ディープ・イン・ザ・マネー）のコール（次ページの図の②）のデルタは最終的には1に近づいていき、コールの価格の上昇は株価の上昇とほとんど同じになります。

プットに関しても同様です。権利行使価格が株価よりはるかに低いfar OTM（ファー・アウト・オブ・ザ・マネー）のプット（次ページの図の③）のデルタは0に近く、株価が変化してもほとんどプットの価格は変化しません。

一方、権利行使価格が株価以上であるイン・ザ・マネーのプットのデルタの絶対値は大きく、deep ITM（ディープ・イン・ザ・マネー）のプット（次ページの図の④）のデルタは最終的には－1に近づいていき、プットの価格の下落は株価の上昇とほとんど正反対になります。

②満期日までの残存日数

コール・オプションでもプット・オプションでも、満期日までの日数が長いほど、オプションの権利を行使する機会が増えますから、オプションのプレミアムは高くなります。逆に言うと、他のすべての条件が同じならば、オプションのプレミアムは時間の経過とともに減衰していきます。

時間の経過とともに発生する、このオプションのプレミアムの減少

◆権利行使価格とデルタの関係

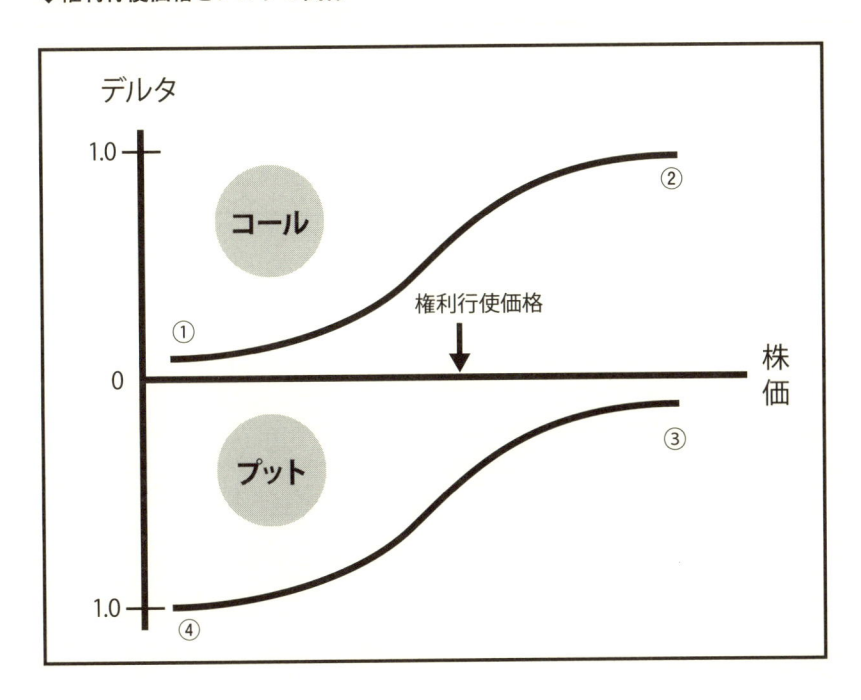

デルタ

1.0

コール

②

①

権利行使価格

0 　　　　　　　　　　　　　　　　　株価

プット

③

1.0
④

を**時間価値の減衰（タイム・ディケイ）**と言います。

セータ（θ）は、タイム・ディケイによって１日ごとに失われるプレミアムの値を示します。実にマイナスの値になります。

> セータ（θ）＝プレミアムの変化額÷残存日数の減少

　時間価値の減衰（タイム・ディケイ）は、毎日同じ割合で減少していくのではありません。アウト・オブ・ザ・マネーあるいはイン・ザ・マネーのオプション（コールとプット）のプレミアムは時間の経過とともにゆっくりと減少していきますが、アット・ザ・マネーのオプションの時間価値（プレミアム）は満期が近づくにつれて、急減します。

　時間価値は残存期間の平方根の割合で減っていきます。他の条件が同じなら、残存期間が４ヶ月のコールの時間価値が２ドルの場合、１ヶ月のコールの時間価値は１ドルになります。残存期間が1/4ヶ月（約１週間）のコールの時間価値は0.5ドルです。残存期間が長いオプションの時間価値（プレミアム）は１日あたりの減少は僅かですが、**残存期間が短くなるにつれて、時間価値の減衰（タイム・ディケイ）は次第に大きくなります。**残存期間が１週間を切る頃から時間価値は急激に減少していきます。

　次ページの下の図は、株価と残存日数によるタイム・ディケイの変化を視覚的に表したものです。権利行使価格が200ドルのコール・オプションのセータは、株価が200ドルの時（アット・ザ・マネー）で常に最小で、残存日数が少なくなるにつれて急減します。

　一方、残存期間が１日のオプションのプレミアム（価格）をpドルとした場合、オプションのプレミアム（価格）は残存日数の平方根に比例して増えていくので、残存日数がn日のオプションのプレミ

◆残存期間と時間価値の関係

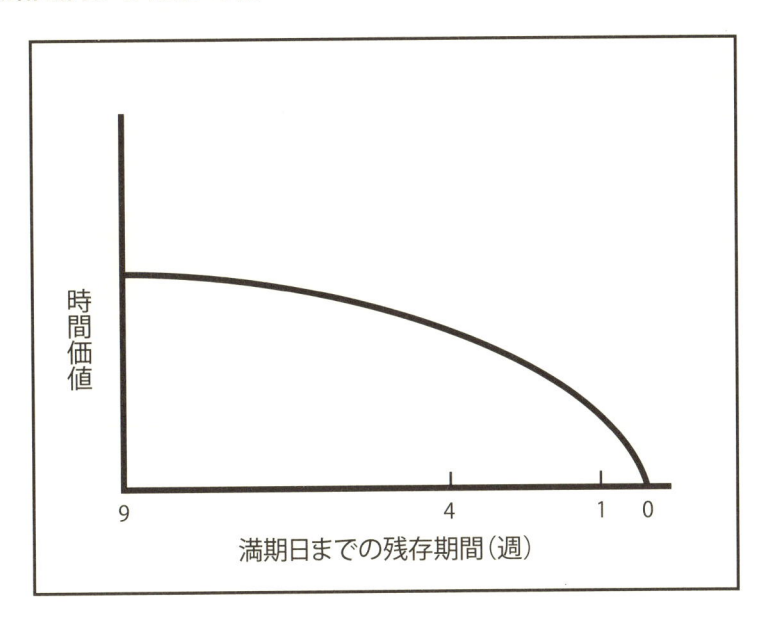

◆株価と残存日数によるタイム・ディケイの変化

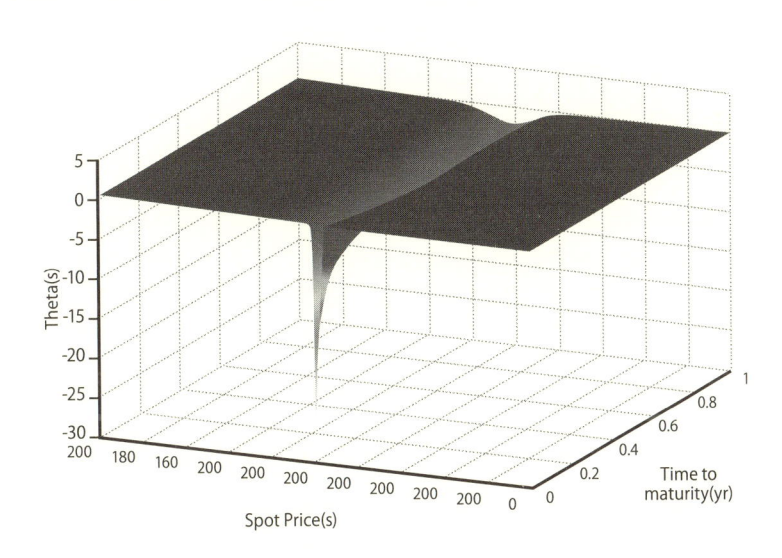

アム（価格）は、数学的には、√n×pドルになります。これから1日あたりのプレミアム（価格）は、(√n×p)÷n＝p÷√nとなり、1日あたりのプレミアム（価格）はnが小さいほど、つまり残存期間が短いほど、高くなります。

③将来の株式のボラティリティ

　ボラティリティとは標準偏差のことで、株式が上下にどれだけ変動する可能性があるかということを示します。市場参加者の予測にバラツキが大きいとボラティリティは高くなり、予測にバラツキが小さいとボラティリティは低くなります。株価の期待値（予想平均値）が100ドルで、年間ボラティリティ20％ということは、今後1年間に、約68％の確率で、株価が100ドルから上下20％変動するだろうということです。また、約5％の確率で株価が100ドルから上下40％変動するだろうと予測していることになります（次ページの下の図）。

　将来のボラティリティを推定するために、一般的には、ヒストリカル・ボラティリティやインプライド・ボラティリティが使われます。

ヒストリカル・ボラティリティ（Historical Volatility：HV）とは、過去のデータから計算される標準偏差です。

　今、仮に株価が100ドルの株式を想定しましょう。この後の10日間の終値が次ページのようだとします。配当支払いはないものとします。

　標準偏差を計算するのは、当日の株価を前日の株価で割り前日比を求めます。次にその自然対数をとり、これを2乗し、合計します。さらに、この合計数をサンプル数で割り、その結果の平方根を求めると、0.191を得ます。つまり19.1％がこの10日間のデータから得たボラティリティです。

　ヒストリカル・ボラティリティを求めるのに、過去の期間をどれくらいにすればいいのかについては理論的な正解はありません。実務的には、オプションの満期日までの日数（20日、60日、100日など）

◆株価の推移

0日目	100.00
1日目	101.94
2日目	102.47
3日目	100.12
4日目	99.87
5日目	98.98
6日目	99.14
7日目	100.24
8日目	101.47
9日目	102.33

◆ボラティリティ（標準偏差）のイメージ

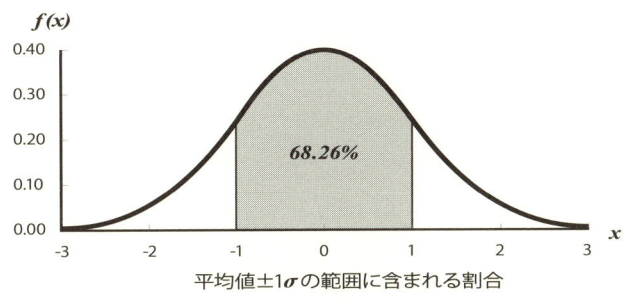

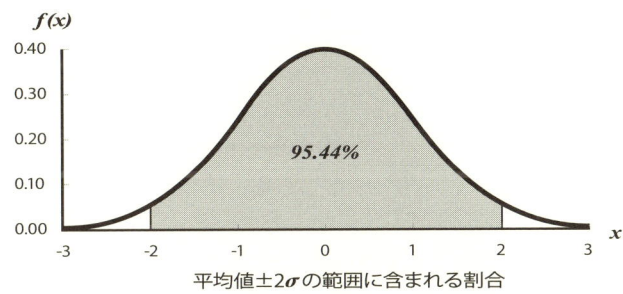

平均値±1σの範囲に含まれる割合　68.26%

平均値±2σの範囲に含まれる割合　95.44%

にすることが多いようです。

　一方、**インプライド・ボラティリティ（Implied Volatility：IV）**とは、実際に取引されているオプションのプレミアムから、ブラック・ショールズ・モデルなどを使って逆算されるボラティリティです。市場関係者における人気や期待度など、将来の予想が反映されたものです。

　実際には、権利行使価格や残存期間、コールとプットなどから多数のインプライド・ボラティリティが計算されます。また、計算方法そのものについても、多くのモデルがあり、違うモデルから求められたインプライド・ボラティリティを比較しても、意味がありません。

　つまり、将来のボラティリティを予測することは難しいということです。本書で紹介している投資法は、オプションの理論値からの乖離を見つけて、裁定取引で利益を得るものではありません。それでも、株価のDCF法から計算される理論値の幅の広さと比べると、オプションの理論値の幅ははるかに狭く、精度も高くなっています。これは、投資家には予想できないリスクが低いことを意味します。

④将来の無リスク金利

　コールのholder（買い方）は、株価の上昇により利益を得ます。この時、必要な投資資金は、株式を買うよりもはるかに少ないお金で足ります。投資家はこの間、この差額分のお金を無リスク金利で運用すると考えることができますから、無リスク金利が上昇すれば、コールのプレミアムも高くなります。

　一方、プットは、原資産価格の下落により利益を得ますが、この時株式を売って資金を受け取ることはできません。このことは投資家にとっては、プットの満期日まで本来得られた株式売却資金を無リスク金利で運用する機会を失ったことになります。これを機会費用といいます（214ページで解説）。すなわち、無リスク金利が上がれば、プットのプレミアムは低くなります。

このように無リスク金利はオプションのプレミアムに影響を与えますが、オプションの満期日までに無リスク金利が変化することは少ないので、ふつうは現在の無リスク金利をそのまま使います。

⑤将来の配当利回り

　原資産である株式は配当支払い日に配当を支払うことで株価は下がります。したがって、配当利回りが高くなれば、コールのプレミアムは低下し、プットのプレミアムは上昇します。

　将来の配当利回りを予想することは難しいのですが、オプションの満期日までに配当利回りが変化することは少ないので、ふつうは現在の配当利回りをそのまま使います。

6 オプション取引の4つの売買パターン

　オプションには、満期日しか権利を行使できないヨーロピアン・タイプと満期日までのいつでも権利を行使できるアメリカン・タイプがありますが、本書で取り扱うオプションは満期日までのいつでも権利を行使できるアメリカン・タイプです。米国市場のオプションの満期日は、通常毎月第3金曜日です。その日が祝祭日の場合は、前日の木曜日になります。
　ここでは、最も基本的なオプション売買の4つのパターンを見ていきます。オプション取引には様々なパターンがありますが、すべてこの4つのパターンの組み合わせです。

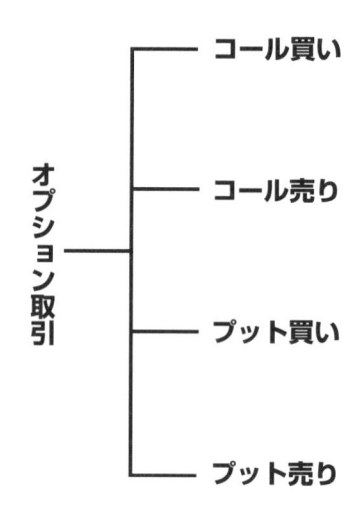

```
                  ┌── コール買い
                  │
                  ├── コール売り
オプション取引 ───┤
                  ├── プット買い
                  │
                  └── プット売り
```

1　コール買い

まずはコール・オプションの買いです。

現在の株価を100ドルとします。ここで、株価が値上がりすると予想し、満期日が2ヶ月先で権利行使価格105ドルのコール・オプションを1単位購入します。オプションは1単位（枚）が株式100株の売買の権利に相当します。

オプション価格（プレミアムとも言う。以下、オプション価格）は2ドルとします。つまり、200ドル（2ドル×100株）を支払って、権利行使価格105ドルのコール・オプションを1単位購入することにします。

満期日までに株価が権利行使価格を超えて115ドルになった時と、権利行使価格まで到達せずに100ドルになった時とで、どういう損益計算になるのかを見ていきましょう。

①**株価が権利行使価格（105ドル）を超えて115ドルに上がっている場面**

株価が115ドルになっている場合は、満期日前のいつでも権利行使価格105ドルのコール・オプション（＝イン・ザ・マネー）を早期履行できます。権利行使すれば、現在価格115ドルの株式を105ドルで買うことができます。

そして、10,500ドル（105ドル×100株）で購入した株式をその場ですぐに1株115ドルで売却すれば、1,000ドル［10ドル（115ドル－105ドル）×100株］の売却益を得ることができます。オプション購入に要した200ドルを引くと、800ドルの最終利益になります。つまり、思惑通りに株価が100ドルから115ドルに上がった場合、株式投資だと15％の利益率ですが、コール・オプションを買えば、400（800÷200×100）％の利益率になります。

もちろん、権利を行使した時に105ドルで株式を購入して、売却せ

177

ずにそのまま保有し続けることも可能です。

　オプション取引には、満期日前にオプション自体を市場で反対売買することも可能です。実際は、こちらの流れのほうが主流です。

　満期日前に、株価が115ドルになっている時は、権利行使価格105ドルのコール・オプション（＝イン・ザ・マネー）の本質的価値は10ドルです［株価（115ドル）－権利行使価格（105ドル）］。時間価値が1.5ドルとすると、あわせて11.5ドルのプレミアムを持っていますので、実際のオプション価格も11.5ドル近辺のはずです（需給のバランスで少しだけ上下することはあります）。この時に、持っているコール・オプションを11.5ドルで売れば、1,150ドル（11.5ドル×100株）を得ます。コール・オプションを買うのに、200ドルを費やしていますから、950ドルの最終利益になります。475（950÷200×100）％の利益率になります。

②株価が権利行使価格（105ドル）まで到達せずに100ドルになっている場面

　株価が100ドルになっている（＝アウト・オブ・ザ・マネー）場合は、オプションの権利行使をする必要はありません。もし、その時点でこの株式を購入したい場合には、市場から購入すればよく、オプションを権利行使する必要はないからです。

　このように、オプションという名前の通り、必ずしも権利行使をしなくてもよいという点が、オプションの最大の特徴です。

　満期日に株価が100ドルだった時の損失は、コール・オプションを買った時に対価として支払った200ドル（2ドル×100株）だけになります。

　また、満期日までまだ日数がある場合は、時間価値が残っているので、持っているコール・オプションを売ることも可能です。当然ながら、損失が確定しますが、資金繰りで必要な場合は行うこともあります。

◆コール買いの損益図（1株あたり）

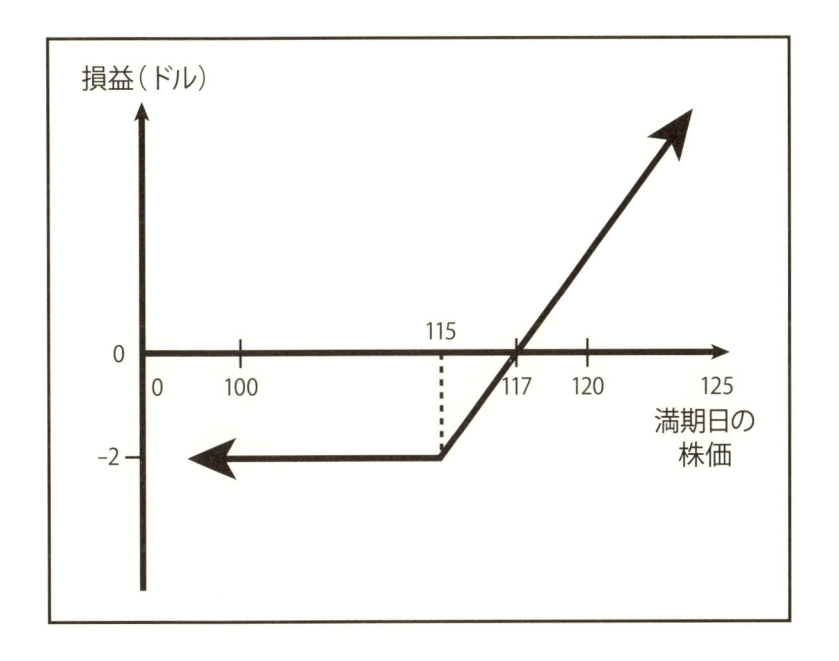

損益（ドル）軸に、満期日の株価を横軸とするグラフ。株価115までは損益 −2 で一定、その後右上がりに上昇し、株価117で損益0、それ以降は利益。横軸目盛：0, 100, 115, 117, 120, 125。

2　コール売り

次は、コール・オプションの売りについてです。これはふつう単独では行いません。リスクをヘッジするため、株式を同時に保有します。これをカバード・コール（後述）と言いますが、最初に、コール売り単独の概略を示します。

あなたが権利行使価格 125 ドルのコール・オプションを売る（write）とします。オプション価格を 2 ドルとします。この時に 200 ドル（2 ドル × 100 株）を手に入れます。

株価が 125 ドルを超えたら、買い方（holder）に権利行使される可能性があります。権利行使は、OCC（Option Clearing Corporation）という公的機関を通して決済されます。もし、買い方（holder）が株式を買う権利を行使した場合、OCC はランダムにコール・オプションをショートしているポジションを割り当てます。あなたが割り当てられた場合、あなたは株式を売る義務を負います。つまり、株価が 130 ドルになっていても、125 ドルで株式を売らなければいけません。

もし、株式を持っていなければ、ショート・ポジションになります。いずれにしてもこの時点で、500 ドル（5 ドル × 100 株）の損失（実現損失または評価損）です。当初手に入れた時の 200 ドルと合算すれば、300 ドルの損失です。次ページの損益図を見ればわかるように、株価が上昇した時のコールの writer の最大損失は、理論上、無限大です。

一方、株価が 125 ドルを超えなければ、相手方（holder）は権利を行使しませんので、当初受けとったオプション価格（プレミアム）はそのまま売り方（writer）であるあなたの利益になります。

もうひとつ、例を出します。

今、ある株式の株価を 100 ドルとします。ここで、株価は今後値上

◆コール売りの損益図（1株あたり）

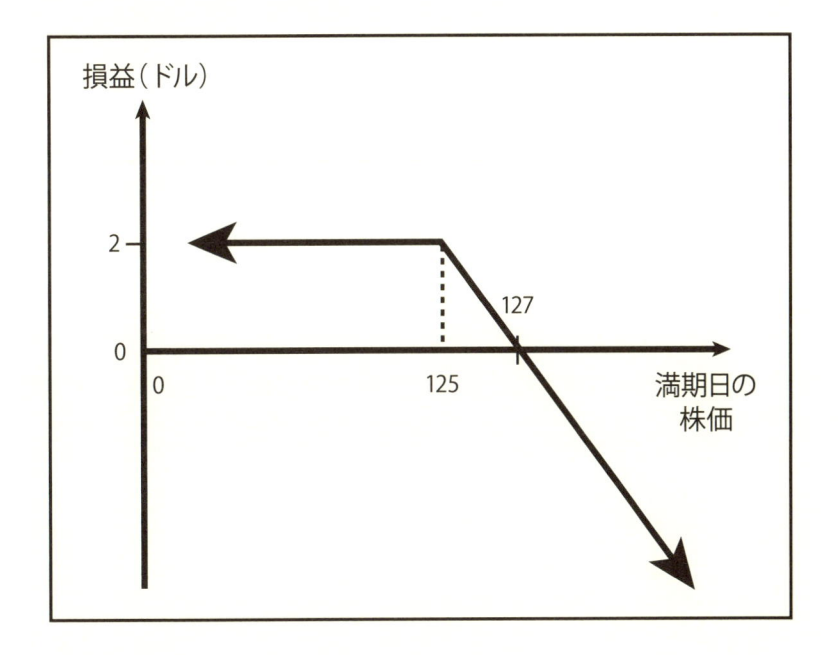

がりするかもしれないが、2ヶ月以内に105ドルまでは上がらないだろうと予想し、満期日が2ヶ月先で権利行使価格105ドルのコール・オプションを2ドルで1単位売却します。これにより200ドル（2ドル×100株）の現金を得ます。

株価が権利行使価格を超えて110ドルに値上がりしてイン・ザ・マネーに入っている時は、相手方（holder）に権利行使価格105ドルのコール・オプションを権利行使される可能性があります。ですから、権利を行使されたくない場合は、常に注意が必要です。権利行使されると、コール・オプションの売り手（writer）は現在価格110ドルの株式を105ドルという安い値段でコール・オプションの買い手（holder）に渡さなければいけません。当方が株式を保有していれば、それは強制的に売らされます。株式を保有していなければ、株式をショート・ポジションで保有するということになります。

早期履行には経済的合理性がないのですが、**オプションがイン・ザ・マネーに入っていれば、様々な要件で早期履行の可能性は常にあります**。とくに、**配当の支払いがある場合はその可能性が高くなります**。

今、仮に翌日が配当の権利確定日とします。コールの買い方は満期までそれを持ち続けることもできますが、権利を行使して株式を持つこともできます。配当が1株あたり0.5ドルとすると、50ドル（0.5ドル×100株）の配当を受け取れるため、株式の配当落ちによる損失を相殺できます。

ただし、株式を保有するための費用の一部または全部を借り入れでまかなう場合は、金利負担が発生します。買い方（holder）はその金利負担と受け取る配当金額の大小を比較することにより、権利を行使して株式を保有する場合もあるし、権利を行使しない場合もあるのです。いずれにしても、買い方（holder）に権利を行使された場合には、売り方（writer）はその義務を必ず履行しなければいけません。つまり、保有している株式を権利行使価格で売らなければいけません。保

有していない場合は、株式のショート・ポジションになります。

　配当の権利確保のためのコールの早期行使はしばしばあるので、権利確定日前にイン・ザ・マネーのコール・オプションのショート・ポジションを保有していて、相手方に権利を行使されたくない場合は、早めにコールを買い戻して、ポジションを閉じます。

　満期日にコール・オプションがイン・ザ・マネーで終わった場合は、強制的に決済されて、株式は権利行使価格で売られます。保有していない場合は、株式のショート・ポジションになります。

　いずれの場合でも、1株あたり105ドルで売ったわけですから、10,500ドル（105ドル×100株）が口座に入金されます。株式が強制売却された場合は、株価110ドルの時に105ドルで売らされたのですから、その点では500ドル［5ドル（105 − 110）×100株］の損失です。株式を持っていなくて、ショート・ポジションになった場合でも同じです。ショート・ポジションの株式100株の評価額は、− 11,000ドル（110ドル×100株）ですから、500ドル［− 5ドル（105ドル − 110ドル）×100株］の損失になります。ただし、権利行使価格105ドルのコール・オプションを1単位売却した時に受け取ったオプション価格200ドル（2ドル×100株）が利益となりますので、通算では、300ドルの損失となります。

　満期日までに、イン・ザ・マネーのコール・オプションを**反対売買**という形で**ポジションを閉じる（close）**こともできます。

　株価が110ドルの場合、コール・オプションの本質的価値は5ドルです。時間価値が1.5ドルとすると、オプションの価格は6.5ドルになります。オプションの価格を6.5ドルとすると、コール・オプションを買い戻すのに650ドルを要します。コール・オプションを1単位売却する時に受け取ったオプション価格200ドルと合わせると、450ドルの損失になります。

　株価がさらに上がった場合は、コール・オプションの売り手（writer）

は壊滅的な損失をこうむる可能性があります。それをヘッジするため、株式を同時に保有すれば、その株式の価格も上がりますから、コール・オプションによる損失を相殺できます。そのために、コールを売る時は必ず株式を保有します。これをカバード・コールと呼びます。

満期日に株価が権利行使価格まで到達しなかった場合は、権利行使価格105ドルのコール・オプションは権利消滅（expire）し、コール・オプションの権利が行使されることはありません。この時は権利行使価格105ドルのコール・オプションを1単位売却した時に受け取ったオプション価格200ドル（2ドル×100株）がそのまま利益になります。

3　プット買い

ふつうプット買いを単独ですることはありません。株式を保有している時のリスクをヘッジするために、プロテクティブ・プット（後述）を行いますが、まずプット買い単独の概略を説明しましょう。

現在の株価を100ドルとします。ここで満期日が2ヶ月先で権利行使価格90ドルのプット・オプションを1単位購入します。

90ドルのプット・オプションという権利を買うには、対価（＝オプション価格）を支払わなければなりません。ここでは、2ドルとします。

株価が80ドルになっている時に、権利行使価格90ドルのイン・ザ・マネーのプット・オプションの権利を行使すれば、現在価格80ドルの株式を90ドルという高い値段で売ることができます。そして、9,000ドル（90ドル×100株）で売却（空売り＝ショート・ポジション）した株式を、すぐに8,000ドル（80ドル×100株）で買い戻せば、1,000ドル［10ドル（90ドル－80ドル）×100株］の売却益を得ることができます。もちろん、そのままショート・ポジションを続けることも可能です。

ここで、プット・オプションを買った時に対価として2ドル支払っていたことを考慮します。今回の例では権利行使価格90ドルのプット・オプションを1単位買っていますので、200ドル（2ドル×100株）の支払いになります。以上を合計すると、通算では800ドル（1,000－200）の利益になります。また、満期日までにオプションを反対売買するという形で清算することもできます。

　満期日の株価が権利行使価格の90ドル以上の場合には、オプションの権利行使をする必要はありません。

　もし、この株式を売りたいと思うならば、権利を行使せずに、市場で売ったほうが得だからです。この場合の損失は、プット・オプションを買った時に対価として支払った200ドル（2ドル×100株）になります。

◆プット買いの損益図（1株あたり）

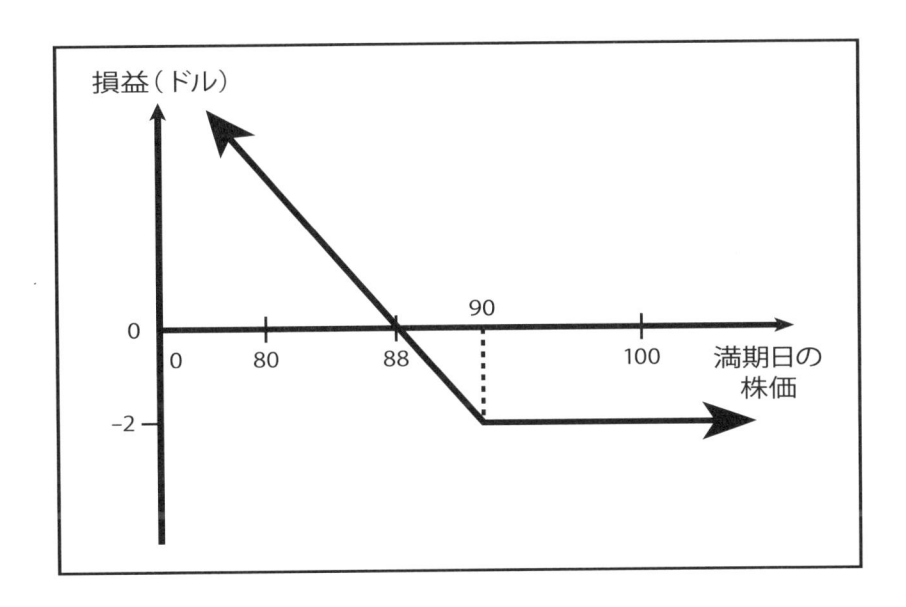

4　プット売り

プット・オプションを売った場合は、プレミアムを受け取ります。例えば、権利行使価格95ドルのプレミアムを2ドルとすると、200ドル（2ドル×100株）を得ます。

しかし、株価が95ドル以下に下がり、買い方（holder）に株式を売る権利を行使された場合には、95ドルで株式を買わなければいけません。もし、株価が90ドルであれば、含み損が500ドル［(90ドル－95ドル)×100株］になります。売却時に得た200ドルと合わせると300ドルの損失です。

しかし、株価が95ドルを超えなければ、オプションの買い方（holder）は権利を行使することはないので、当初得たオプション価格（プレミアム）が利益になります。

プット売りは単独でも非常に有力な戦略なので、次章で詳しく説明します。

◆プット売りの損益図（1株あたり）

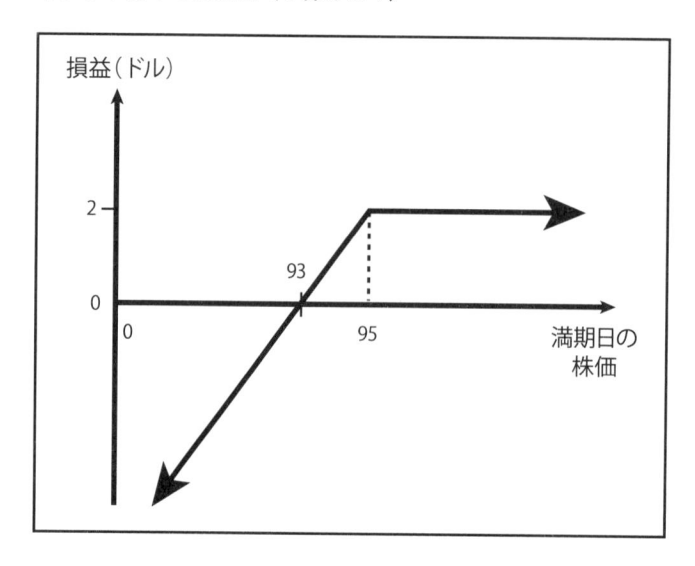

第2部

第2章

オプション取引の実践

1　オプション取引の準備

　オプションは、主に、シカゴ・オプション取引所（CBOE）などの市場で売買されていますが、個人投資家がオプションを売買するのには、どうしたらいいのでしょうか？

　それには、米国の証券会社の口座を開く必要があります。最近、日本在住の日本人の口座開設をやめている米国の証券会社が増えています。日本人に人気があったFirstrade証券も2013年11月で新規受付をやめてしまいました。

　現時点（2013年11月）で、日本人が口座を開設できるネット証券会社は下記の5社のみです。この中で、最も日本人に人気があり、日本人の顧客獲得に熱心なのは、Interactive Brokers証券です。実際の口座の開設は、Interactive Brokers証券のホームページ（日本語）を読めば、問題なくできます。

- Interactive Brokers
- Charles Schwab
- Sogo Trade
- TradeStation
- Zion Direct

　ここではInteractive Brokers証券（以下IB証券）について簡単に記します。

　IB証券は日本法人を設立しています。最近、ホームページの日本語化も進み、日本の証券会社と同じような感覚で、注文ができるようになりました。日本語でのサポートも部分的ですが、受けられます。

しかし、現時点では、取引結果や配当などの連絡（メール）はすべて英語になります。中学生程度の英語力があれば十分ですが、英語にまったく自信がない人は、口座開設はやめたほうがよいでしょう。

　口座の開設自体はインターネットでほぼ完結します。米国株を取引するので、IBLLC（日本株以外専用）を申し込みます。その後、郵便局員が「本人受取り限定郵便（特）」という郵便物を自宅に手渡しで届けてくるので、その場で郵便局員に返します。これで口座開設は完了です。

　口座開設後、IB 証券から 8 - WEN という書類が送られてくるので、必要事項を記入して、返信します。これを怠ると、米国現地で税金を源泉徴収されてしまいます。

　IB 証券の場合、口座の種類は、キャッシュ口座、レッグティマージン口座、ポートフォリオマージン口座の 3 つがあります。本書で示した投資は信用取引を使うので、レッグティマージン口座またはポートフォリオマージン口座を開く必要があります。信用取引でキャッシュの何倍まで信用取引ができるかは、証券会社によって違いますが、IB 証券の場合、レッグティマージン口座ではキャッシュの 4 倍まで購入できます。また、ポートフォリオマージン口座を開くには 10 万ドル以上の残高が必要ですが、ポートフォリオ全体から証拠金を算出し、その 15％に相当する金額まで、つまり現物株ポートフォリオ全体の 6.67 倍まで信用取引ができるので、非常に大きなレバレッジを掛けることができます。カバード・コールだけを行う場合は、証拠金は不要です。

　米国の証券会社では信用取引の概念が日本と大きく異なります。米国の信用取引は、証券会社からキャッシュを借金して、それで株式を買うということです。したがって、日本の信用取引で買った株式と異なり、米国では、信用取引で買った株式でも、議決権はあり、配当ももらえます。IB 証券では、レッグティマージン口座、ポートフォリ

オマージン口座を開いた場合は、株式はすべて信用取引になります。

　次ページは、SPDR S&P 500（SPY）というS&P 500に連動するETFのオプションを注文する実際の画面です。左側がコール・オプション、右側がプット・オプションの取引画面です。画面には、コール・オプション、プット・オプションそれぞれ、満期日が2013年11月15日（NOV 15 '13）、2013年12月20日（DEC 20 '13）、2014年1月17日（JAN 17 '13）の直近価格、買気配、売気配が表示されています。

　例えば、満期日が2013年12月20日の権利行使価格が177のコール・オプションの場合、買気配が2.62（ドル）、売気配が2.63（ドル）です。

　このコール・オプションをすぐに買いたければ、成り行き注文か、売気配の2.63ドルで注文を出します。オプションは1単位（枚）が100株ですから、コール・オプションを1単位（枚）買ったら、263ドル（2.63ドル×100株）が口座の現金から引かれます。

　一方、コール・オプションをすぐに売りたい時は、成り行き注文か、買気配の2.62ドルで注文を出せば、すぐに約定します。262ドル（2.62ドル×100株）が口座に入金され、コール・オプションのショート・ポジション（空売り）になります。オプションをショートした場合は、株価が思わぬ方法に動いて、投資家が大きな損失を被る可能性があるので、証券会社は証拠金を要求します。

　次にIB証券での入出金のしかたについて説明します。

　入金する場合は、事前にアカウント・マネジメントより入金通知を行います。メガバンクの海外送金サービスを使うのが安全で確実です。例えば、三井住友銀行の場合、事前に郵送または店頭窓口で申し込みをすれば、その後はインターネットで送金できます。ドル建ての場合は、送金手数料が3,500円かかりますが、円建ての場合は800円ですので、IB証券内の口座内でドルに替えるのがいいでしょう。IB

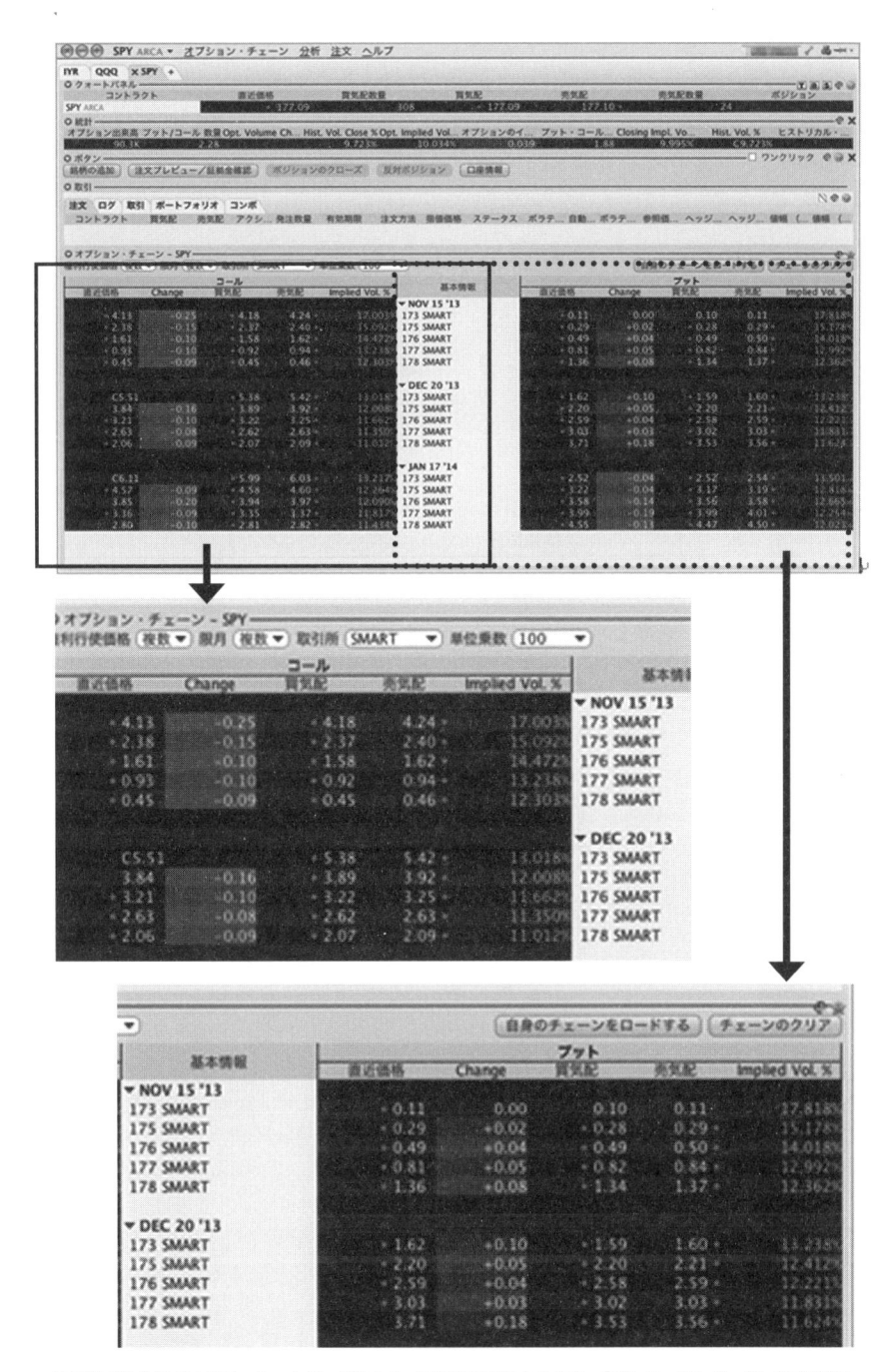

※画像が見えにくいので、ホームページにカラー画像を載せておきます。「パンローリング 超・株式投資」で検索してください

証券内のスプレッドコストは、FXのレート（25万ドル以上の両替で0.005％）が適用されます。

IB証券は、海外口座への円建て入金用に、シティバンク銀行内に非居住者用の円口座（口座番号10桁）を保有しています。この口座への送金は通常は海外送金扱いとなりますが、シティバンク銀行からは国内送金扱いの手数料で円送金が可能です（口座番号は、IB証券に口座開設後、入金手続きを行うと表示されます）。残念ながら、ネットには対応していません。シティバンク銀行に行く必要があります。シティバンク銀行からIB証券に電信送金する場合は、窓口で「シティバンク国内支店向け振込依頼票」に10桁の番号を記入してください。

また、シティバンク銀行でシティゴールドを持つと、IB証券への外貨での送金が無料になります。

次に日本国内の銀行に出金する場合について説明します。

出金手数料は月あたり、初回は無料です。個人投資家には、これだけで十分です（2回目以降は1,600円（税抜き）かかります）。ドルのまま日本の銀行に出金できます。円で出金する場合は、IB証券の口座内で円転してから、出金してください。円転しないで円を送金した場合は、円を借りたことになり、金利がつきますから注意してください。

着金手数料として、日本のメガバンクでは4,000円程度、ネット専業銀行でも2,000円程度が取られますが、三井住友信託銀行や新生銀行、シティバンク銀行では取られません。

一般的に、海外送金の場合、確認の電話が銀行から来ます。しかし、IB証券から出金する場合は、出金指示後に「電話をください」というメールが来るので、自分の都合が良い時間にIB証券の日本支社に日本語で電話をし、これで完了です。また、2回目以降の出金は、出金先が同じ口座であれば、電話をする必要もありません。このように

IB証券からの出金はとても簡単で便利です。

　詳細はIB証券および金融機関に問い合わせてください。制度やルールは、予告なくしばしば変わります。取引は、必ず自分で確認してから行ってください。

2　オプション取引で覚えておくべき用語

　オプションの取引の際によく使われる用語は下記の通りです。
　オプションの買いは「Buy」、オプションの売りは「Sell」と言います。新規にオプションを仕掛けることを「Open」、仕掛けたオプションを手仕舞うことを「Close」と言います。それらを組み合わせて、下記の言葉をよく使います。

> Buy to open（BTO）：コール・オプションまたはプット・オプションを買うことによって、ポジションを取ること
> Buy to close：すでに売りのポジション（ショート）を保有している人が買い戻すことによって、ポジションを閉じること
> Sell to open（STO）：コール・オプションまたはプット・オプションを売ることによって、ポジションを取ること
> Sell to close：オプションを買った人が売ることによって、ポジションを閉じること
> Hold：オプションを保有していること
> Write：オプションを売ることによりショート・ポジションを取ること
> Long：オプションを保有しているポジション
> Short：売りのポジションを保有していること
> Exercise：オプションを保有している人（holder）が（買う／売る）権利を行使すること
> Assignment：オプションを保有している人（holder）に（買う／売る）権利を行使されることによって、オプションの売り手（writer）が、（売る／買う）義務を履行すること

3 実践的なオプション取引の戦略

　次に、具体的にオプション取引の戦略について説明します。オプション取引は、満期日と権利行使価格が異なるコール・オプション、プット・オプションを組み合わせれば、無数ともいえるパターンがありますが、本章では週末投資家に有用でシンプルな下記の7つのパターンを中心に説明します。

①**プット売り**
②**LEAPS プット売り**
③**LEAPS コール買い**
④**カバード・コール**
⑤**LEAPS ダイアゴナル・スプレッド**
⑥**LEAPS ブル・スプレッド**
⑦**LEAPS ベア・スプレッド**

　相場によって一概には言えませんが、以下（　）内の☆は私個人の好み度です。お勧め度とは違います。シンプルなもの、ポジション調整を頻繁にする必要がないものが中心です。それぞれを順に見ていきましょう。それ以外のものも参考として載せました。

4　プット売り（☆☆☆）

プット売りの概要については前章で述べました。

私がここで強調したいことは、買いたい株式があったとしても、すぐに株式を買うのではなく、プット売りを仕掛けて、その結果として株式を購入したほうが資産効率が良いということです。

「プット売りは、利益限定、損失無限大だから危険だ」と書いている本もありますが、それは正しくありません。ここでは例を出しながら、詳しく見ていきましょう。

例えば、ある株式の現在の株価を100ドルとします。ここで2ヶ月以内に95ドルまでは下落しないだろうと予測しているものの、もし95ドル以下まで下がったとしても、「その値段なら、その株式を買い取る義務を履行してもいい」と思えるような株式を選ぶことが大事です。

今、満期日が2ヶ月先で権利行使価格95ドルのプット・オプションを1単位売却します。「95ドルで株式を売る」という権利を売った（＝95ドルで株式を買う義務がある）ので、その対価として、オプション価格＝プレミアムを手に入れることができます。これを今2ドルとします。実際には、200ドル（2ドル×100株）が入金されます。

1　満期日に株価が権利行使価格（95ドル）以上の時

株価が権利行使価格（95ドル）以上の場合は、権利行使価格95ドルのプット・オプションは権利消滅（expire）し、プット・オプションの権利が行使されることはありません。

したがって、この時は権利行使価格95ドルのプット・オプション

を1単位売却した時に受け取ったオプション価格、200ドル（2ドル×100株）がそのまま利益になります。

当初の投資判断が変わっていなければ、引き続き、満期日が翌月以降のプット売りをします。

2　株価が権利行使価格を割って90ドルに下がった時

株価が例えば90ドルに下がっている場合は、満期日の前でも、保有者（holder）によって権利行使価格95ドルのプット・オプションを権利行使される可能性があります。「株式を売る権利（プット・オプション）」を買った相手方（holder）に株式を売る権利があるわけですから、その相手方（holder）がプット・オプションの権利を行使した場合は、それに応じて株式を買う義務がこちら側にあります。その場合、プット・オプションの売り手（writer）は、現在90ドルの株式を95ドルで買わなければいけません。

しかし、満期日までの残存日数がまだ多い時は、プレミアムにはいくらかの時間価値が含まれているので、オプションを持っている方（holder）が、満期日前に権利行使を行うと、時間価値分のプレミアムを放棄することになるので、実際には、オプションを持っている方（holder）が満期日前に、その権利を行使（早期履行）することは多くはありません。

また、権利を行使して株式を保有あるいは売却する（ショート・ポジションをとる）よりも、反対売買してオプションを清算して、新たなオプションのポジションをとるほうが、レバレッジが利いて利益が大きくなるということもあるので、実際にプットが早期履行されるのは、時間価値をほとんど持たないdeep ITM（ディープ・イン・ザ・マネー）のプットに限られています。

しかし、早期履行の可能性が絶対にないわけではありません。

あらかじめ権利が行使された場合に備えて、株式を購入する現金を確保している場合を、現金確保プット売り（CSP=Cash Secured Put）と言います。米国では、レギュレーションT（RegT）というルールにより、証券価格の50％まで証券会社から借り入れることができます。プット・オプションの売り手（writer）は必ず信用口座を開いていますから、現金確保分は、実際には半分ですみます。

　もちろん、株式を購入したくない場合やそれだけの資金がない場合は、満期日まで待たずに、オプション自体を反対売買して、ポジションを解消することもできます。しかし、株価が権利行使価格を割って90ドルに下がった時には、プット・オプションの価格は購入時より上がっているのがふつうですから、買い戻すためには現金支出を伴います。

　本書では、このような場合、反対売買しないことにします。では、反対売買しないまま迎えた満期日に株価が権利行使価格以下だった場合はどうなるでしょうか？

　プット・オプションは自動的に決済され、権利行使価格（95ドル）で株式を購入することになります。この場合、損益は500ドル［5ドル（95－90）×100株］の損失になります。ただし、権利行使価格95ドルのプット・オプションを1単位（100株）売却した時に受け取ったオプション価格200ドル（2ドル×100株）が利益となりますので、通算では300ドル（－500ドル＋200ドル）の損失です。しかし、最初からプット・オプションの権利を行使されてもいいと考えているのであれば、この結果は必ずしも悪いことではありません。なぜなら先に株式だけを買っていた場合は、購入価格が100ドルですから、1,000［（100ドル－90ドル）×100株］ドルの損失になるからです。これだけでも、プット売りの優位性がわかります。

　多くの投資家は、プットを買う義務を履行した後、カバード・コール（後述）に移行します。しかし、すぐに市場で売却することも可能です。その場合は、当然、損失確定になります。

5　LEAPSプット売り（☆☆）

LEAPS（Long-Term Equity Anticipation Securities）とは、普通のオプションより満期日までの期間が長いオプションです。普通のオプションは9ヶ月以内に満期日を迎えますが、LEAPSでは、通常、満期日が1年以上先のものになります。中には3年ぐらい先のものもあります。

一般的には、1月サイクルで取引されるオプションの場合、2014年1月の時点では、2015年1月が満期日と、2016年1月が満期日のLEAPSがあり、この状況は2014年5月まで続きます。なぜなら、2014年5月の満期日になると、それまでLEAPSと呼ばれていた2015年1月が満期日のオプションは、満期日まで8ヶ月となり、普通のオプションになるからです。そして、2017年1月が満期日のLEAPSが、新たに取引されるようになります。

普通のオプションは、現在米国市場には2,500以上ありますが、LEAPSも800ほどの株式にあります。主要な株式やETFにはほとんどLEAPSがあります。ただし、流動性の高いLEAPSはそれほど多くはありません。LEAPSもオプションですから、コール・オプションとプット・オプションがあります。売買の方法も通常のオプションと同じです。

LEAPSのプット・オプションを売るのが、LEAPSプット売りです。例を出します。現在（2013年12月2日）、AAPL（Apple）の株価（終値）は551.23ドルでした。ここで満期日が13ヶ月先の権利行使価格520ドルのアウト・オブ・ザ・マネーのプット・オプションを売却します。この時のオプション価格（終値）は50.30ドルでした。アウト・オブ・ザ・マネーなので、すべて時間価値です。

最初に、株価が上がった場合をシミュレーションします。満期日までに株価が520ドル以上の場合、権利行使価格520ドルのLEAPSプット・オプション（以降、LEAPSプット）が権利行使されることはありません。したがって、権利行使価格520ドルのLEAPSプットを売却した時に受け取ったオプション価格50.30ドルがそのまま利益になります。一方、株価がどんなに上がってもこれ以上利益を得ることはできません（※18）。

　次に、6ヶ月後、株価が権利行使価格を割って440ドルに下がった時はどうなるかをシミュレーションしましょう。約20％の下落です。株価が20％下がることはそう珍しいことではありません。この時のオプションの理論値は105.40ドルです。仮定の話なので理論値を使います。この場合、オプションは55.1ドルの評価損［=50.30（当初のオプション価格）− 105.40（オプションの理論値　※19）］になります。

　この株価急落の場面で、株式だけを保有していた人は、111.23ドルの損失（=440 − 551.23）です。LEAPSプットの売り方（writer）の55.1ドルの損失に比べて、倍以上の損失になります。

　さて、損益分岐点を考えてみましょう。株式の場合は、当然、購入時の551.23ドルです。一方、LEAPSプットの売り方（writer）は469.70［=520（権利行使価格）− 50.3（オプション価格）］ドルです。現在440ドルの株式が、満期日の2ヶ月後に551.23ドルに上がる確率と469.70ドルに上がる確率はどちらが高いかは言うまでもありません。つまり、損失の確率と損失額の大きさという2点で、LEAPSプット売りは有利です。

　LEAPSプット売りの弱点は、権利行使される可能性が非常に低いと思われていても、市場がいつクラッシュするかわからないので、万が一に備えて、ある程度のキャッシュを用意しておかなければならず、LEAPSプット売りを繰り返しできない点です。この点は、LEAPSコール・オプションの買いに劣ります。株価が急落した時、株式を買うだ

けの現金がない場合は、LEAPSプットの権利行使を避けるため、さらに満期日が先のLEAPSプットにrolling（ローリング）することも選択肢のひとつではあります。ただ、株価がさらに下がり、それも権利行使される可能性があります。

　ひとつの戦略にすべてを賭けていると、相場がクラッシュした時、甚大な損失になる恐れがあります。したがって、戦略の分散と保険をかける必要があります。この場合、SRDR S&P500（SPY）など、ETFのアウト・オブ・ザ・マネーのLEAPSプットを買うこともひとつの選択肢ですが、時間価値が大きいので、価格が高くなるのが欠点です。

　もうひとつの方法は、より権利行使価格が低いLEAPSプットを買って、LEAPSプット・ブル・スプレッド（後述）にすることです。これにより株価がその権利行使価格以下に下がっても、さらなる損失を防ぐことができます。

6　LEAPS コール買い（☆☆☆）

　LEAPS コール・オプション（以降、LEAPS コール）の買いは上昇相場では非常に有力なツールです。原資産は ETF でもいいのですが、ファンダメンタル分析で好きな銘柄が見つかれば、株式に投資するよりもはるかに効率よく資産を増やすことができます。これは、グリーンブラット、ジム・クレイマーなど、（自称）ファンダメンタル分析が得意な投資家も、よく使っています。

1　トレードするための LEAPS コールの買い

　次ページの上の表は、PFE（Pfizer）の株価が 31.73 ドルの時の満期日が 13ヶ月先の LEAPS コールの価格です。参考までに過去 5 年間の株価の変動も示します（次ページの下の図）。

　このようなチャートは、これから株価が上がりそうだとか、下がりそうだとかを予想するために見るのではなく、変動率を頭の中に入れておくために見ます。

　LEAPS コール買いの長所のひとつは、言うまでもなく必要な資金が少なくてすむことです。PFE の株式を 100 株う場合は 3,173 ドル（31.73 ドル × 100 株）、信用取引で買う場合もその半分の現金が必要ですが、権利行使価格が 25 ドルの 25 LEAPS コールは 7.10 ドル、権利行使価格が 30 ドルの 30 LEAPS コールは 2.19 ドルで入手できます。リスクについては、「100％損失する可能性」という意味では LEAPS コールのほうが高いですが、「損失の大きさ」という点では、LEAPS コールのほうが小さくなります。

　それと同じことですが、LEAPS コール買いの利点は、高いレバレッ

◆ PFE の LEAPS コールの価格

権利行使価格	2015年1月LEAPS（ドル）
25コール	7.10
30コール	2.19
35コール	1.09

◆ PFE の株価の推移

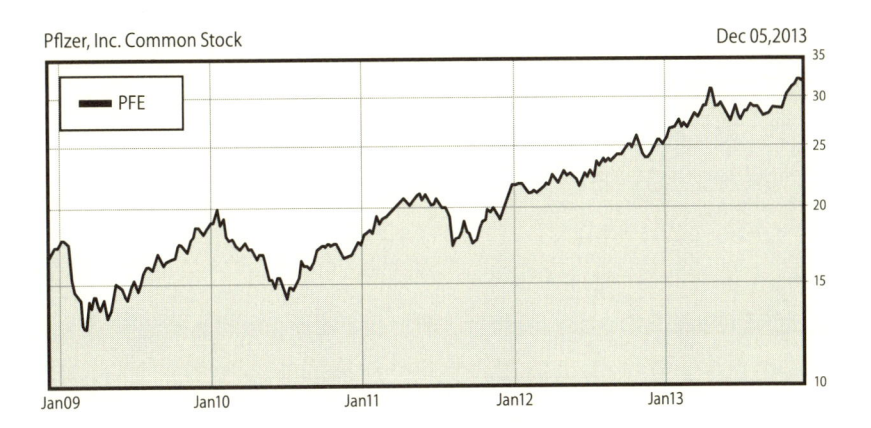

Pfizer, Inc. Common Stock　　　　　　　　　　　　　　　　　　　Dec 05, 2013

ジが掛けられることです。それについては、後ほど見ていきます。

LEAPS コール買いの損益分岐点を挙げます。例えば、株価が 31.73 ドルの時、株式保有の場合は、当然、損益分岐点は 31.73 ドルです。30LEAPS コール買いの場合は損益分岐点が 32.19 ［30（権利行使価格）＋ 2.19（オプション価格）］ドルになり、株式投資の 31.73 ドルに比べて上がります。

では、満期日に、株価が 31.73 ドルのままの時はどうなるでしょうか？　株式投資の場合の損失は 0 です。30 LEAPS コールの保有者の損失はいくらでしょうか？　30 LEAPS コールの本質的価値がその時点で 1.73（＝ 31.73 － 30）ドルあるので、損失は 0.46（＝2.19 － 1.73）ドルになります。

これらのことを考えると、株式に投資するよりも LEAPS のコールを買ったほうがよい場合も多いのです。より高いリターンを目指すなら、投資資金の一部はこの LEAPS コールの買いに充てるべきだと私は考えています。

多くの投資家が LEAPS コールを買うのは、株式を買う権利を行使するためではなく、株価が上がった時に、より高い価格で LEAPS コールを転売するためです。では、そのためには、1 年ものの LEAPS と 2 年ものの LEAPS のどちらにすべきでしょうか？　また、権利行使価格はいくらにすべきでしょうか？

1 年ものの LEAPS コールは、実際には、満期日までは 9 ヶ月以上、19 ヶ月未満です。2 年ものの LEAPS コールは 19 ヶ月以上、31 ヶ月未満です。原資産によっては満期日までそれ以上の LEAPS コールもあります。どの LEAPS コールを選ぶかは、原資産の株式の価格がいつまでに権利行使価格を超えるかという予測に基づきます。

イン・ザ・マネーの LEAPS コールでは、1 年ものの LEAPS コールと 2 年ものの LEAPS コールの価格差（率）は小さいですが、アウト・オブ・ザ・マネーの LEAPS コールでは、1 年ものの LEAPS コー

ルと2年ものの LEAPS コールの価格差は、率でも絶対額でも大きくなります。

例として、PFE（Pfizer）の LEAPS を見ましょう。2013年11月29日の株価は 31.73 ドルでした。この時、権利行使価格が 25 ドル、32 ドル、35 ドルの1年ものの LEAPS コールと2年ものの LEAPS コールの価格は下記の通りでした。

◆ 1年ものの LEAPS コールと 2年ものの LEAPS コールの価格

	2015年1月 LEAPS（ドル）	2016年1月 LEAPS（ドル）	差（%）
25コール	7.10	7.42	4.5%
32コール	2.19	2.99	42.4%
35コール	1.09	1.86	97.9%

次に、アウト・オブ・ザ・マネーの権利行使価格の LEAPS コールを買った場合と、イン・ザ・マネーの LEAPS コールを買った場合に、その後、どのようになるかを見ていきましょう。

◆アウト・オブ・ザ・マネーの LEAPS コールを買った場合

今、31.73 ドルで取引されている PFE（Pfizer）が、水晶玉の占いによって、413 日以内に 35 ドルへ値上がりする可能性が高いと判断したとします。もちろん、株式を普通に買ってもよいのですが、アウト・オブ・ザ・マネーの 35 LEAPS コールを買えば、レバレッジが利いて、さらに利益が出ます。損失は当初に投資した金額に限定されます。

例えば、2013 年 11 月 29 日、PFE（Pfizer）の終値が 31.73 ドルの時、残存期間が 413 日で、権利行使価格が 35 ドルの LEAPS コールの理論値は 1.14（実際の終値は 1.09）ドルでした。株式の場合の必要資金

は31.73ドル、信用取引でも15.865ドルですが、LEAPSコール買いの場合の必要資金は1.09ドルと、約15分の1、ないし、約30分の1の資金ですみます。

次に、満期日まで300日、100日、30日の時点で、株価が36ドルに上がって、35 LEAPSコールがイン・ザ・マネーに入ってきた時、「35 LEAPSコールの価格がどう変化するのか」をシミュレーションすると、300日前で2.63ドル、100日前で1.87ドル、30日前で1.27ドルになります。

株価が40ドルに上がれば、35 LEAPSコールのオプション価格は300日前で5.31ドル、100日前で5.14ドル、30日前で5.00ドルになります。さらに株価が44ドルに上がれば、300日前で9.05ドル、100日前で9.02ドル、30日前で9.00ドルになります。

これは、当初1.09ドルの35 LEAPSコール・オプションが値上がりしたことになります。当然ですが、早期に値上がりすればするほど利益が増え、運用期間が短くなるので、1年あたりの利益率（ROI）は爆発的に高くなります。前ページの下の表は満期までLEAPSコールをもった場合の損益です。

◆株式投資とアウト・オブ・ザ・マネーLEAPSコール買いの損益率の比較

PFE 満期日の終値（ドル）	株式の損益（ドル）	株式の損益率	LEAPSコールの損益（ドル）	LEAPSコールの損益率
24	-7.73	-24.4%	-1.14	-100%
28	-3.73	-11.9%	-1.14	-100%
32	0.27	0.09%	-1.14	-100%
35	3.27	10.3%	-0.14	-12.3%
40	8.27	26.1%	3.86	339%
44	12.27	38.7%	7.86	689%

◆イン・ザ・マネーの LEAPS コールを買った場合

　基本的には、アウト・オブ・ザ・マネーの LEAPS コールを買う場合と違いはありませんが、当然のことながら、こちらのほうが満期日までにイン・ザ・マネーに入る確率が高いですから必要資金が多くなり、投資利益率は下がります。

　例えば、PFE（Pfizer）の終値が 31.73 ドルの時残存期間が 413 日で、権利行使価格が 31 ドルの LEAPS コールの理論値は 2.19 （実際の終値は 2.29）ドルでした。満期日の株価（終値）によって下の表のような利益（率）になります。

◆株式投資とイン・ザ・マネー LEAPS コール買いの損益率の比較

PFE 満期日の終値（ドル）	株式の損益（ドル）	株式の損益率	LEAPS コールの損益（ドル）	LEAPS コールの損益率
24	-7.73	-24.4%	-2.19	-100%
28	-3.73	-11.9%	-2.19	-100%
32	0.27	0.09%	-2.19	-100%
35	3.27	10.3%	1.81	82.6%
40	8.27	26.1%	5.81	265%
44	12.27	38.7%	9.81	448%

　もちろん、権利行使価格がどの LEAPS コールを買ったとしても、満期日前にそれを売ることは可能です。売るかどうかは、「原資産の PFE の株価が今後どうなるか」という予想に基づきます。材料が出尽くして株価がピークを迎えたと思うなら、LEAPS コールはすぐに売るべきです。

　では、PFE の株価は上昇しているけれど、まだピークには達していないと予想する場合はどうすべきでしょうか？

　仮に、この例で PFE の目標株価を 36 ドルとします。株価はまだ 32 ドルとします。その場合、目標としている 36 ドルの権利行使価格で、

かつ、32 LEAPS コールと同じ満期日のコール、つまり 36 LEAPS コールを新たに売ると、プレミアムを稼ぐことができます。これは、36 LEAPS コールのショートと 32 LEAPS コールのロングという「ブル・スプレッド」というポジションになります。満期日に PFE の株価が 36 ドル以上の場合、最大利益が得られます。LEAPS コール・ブル・スプレッドは有力な戦略なので、別に詳述します。

また、株価がこれ（32 ドル）以上は上がらなく、ここ 1 〜 2 ヶ月はこの水準をうろうろするだろうと予想するならば、権利行使価格 32 ドルか 33 ドルで満期日が 1 〜 2 ヶ月先のコールを売り、LEAPS コール・ダイアゴナル・スプレッド（LDS）にします。LEAPS コール・ダイアゴナル・スプレッドについても、後述します。

2　株式の保有を目的とした LEAPS コール買い

LEAPS コールの買いは、長期投資においても有力なツールです。上記のようなトレードをするためではなく、株式を保有するために、LEAPS コールを買う投資家もいます。

例えば、PFE の株式の購入を検討中だとします。株価は 31.73 ドルです。この時、2016 年 1 月が満期の LEAPS コールの実際の価格は次ページの上の表の通りでした。

次ページの下の表の「実際の購入価格」とは、権利行使価格にオプション価格を加えたものです。

例えば、権利行使価格が 30 ドルのコール（30 LEAPS コール）を 3.90 ドルで買って、すぐに株式を 30 ドルで購入する権利を行使したら、33.90 ドルで株式を買ったことになります。これは、時価 31.73 ドルより 6.8% 割高です。しかし、株式を買う場合の 12.3% の資金で買うことができます。権利行使価格が 28 ドルのコール（28 LEAPS コール）を 5.39 ドルで買って、すぐに株式を購入する権利を行使したら、

◆ PFEのLEAPSコールの価格

PFE	オプション価格（プレミアム）
25	7.42
28	5.39
30	3.90
32	2.99
35	1.86
37	1.45

◆ LEAPSコールを使った株式購入

権利行使価格	オプション価格〔プレミアム（ドル）〕	実際の購入価格（ドル）	現在の株価に対する購入価格（％）	現在の株価に対する必要資金（％）
25	7.42	32.42	102.1%	23.4%
28	5.39	33.39	105.2%	17.2%
30	3.90	33.90	106.8%	12.3%
32	2.99	34.99	110.3%	9.4%
35	1.86	36.86	116.2%	5.9%
37	1.45	38.45	121.2%	4.6%

33.39ドルで株式を買ったことになります。時価より5.2％割高ですが、必要資金は株式を買う場合の17.2％ですみます。

当然のことながら、実際の購入価格はなるべく現在の株価に近いほうがよく、さらに株式を得るのに必要な資金はより少ないほうがいいのですが、この両者は両立しません。必要資金が少なければ、実際の購入価格は上がります。逆の場合も然りです。LEAPSコール買いの目的が株式を得ることであるなら、必要資金は少ないほどいいということになりますが、その場合、実際の購入価格は上がります（前ページの下の表参照）。

今、将来的に株式を購入することを目的として、権利行使価格28ドルのLEAPSコールを買うことにします。この時、最初に5.39ドルを払わなければいけません。それにより2年物のLEAPSコールを保有したので、28ドルを支払うことで、満期日までのいつでも、また株価がいくらになっても、現物の株式を28ドルで手に入れることができます。

また、「現在価値」という考え方を取り入れるとさらに得になります。例えば、2年後の満期日の前日に28ドルになったとします。しかし、2年後の28ドルは今日の28ドルではありません。5％の割引率を使うと、2年後の28ドルは今日の25.40ドルに相当します。つまり、2年物のLEAPSコールを購入して2年後に権利を行使する場合、30.79（5.39 + 25.40）ドルで購入することになります。今日の株価は31.73ドルなので、実質的に少しだけ安く買えるということになります。

一方、配当についても考慮する必要があります。PFEの年間配当は0.96ドルなので、株式を保有していたら、2年間で1.92ドルの配当をもらえるはずですが、LEAPSコール保有者の場合はもらえませんので注意が必要です。

ファンダメンタル分析で今後株価が上昇しそうな銘柄を見つけた場合、いつ買いますか？ 「今でしょ！」と言いたいところですが、現在株式を買うだけの現金を保有していない場合は、どうしたらいいで

しょうか？　今、LEAPSコールを買うのと、預金をして（お金を貯めて）2年後に株式を買うのと、どちらが有利かは明白だと思います。

リスクには2つの意味があります。ひとつは、マーケットに参加しているというリスクです。つまり、株式を保有している場合です。株価が下がれば、損失になります。もうひとつはマーケットに参加していないリスクです。資産を現金で持っていて株式を持っていない場合、株価が上昇したら、利益を得る機会を逃したことになります。これを機会費用（opportunity cost）と言います（214ページのコラム参照）。LEAPSコール買いなら、少額の投資で株式を購入する権利を得られるので、キャッシュ・ポジションでいるリスクをヘッジする役割を果たすかもしれません。

もうひとつ、例を挙げましょう。今、PFE（Pfizer）を良いとは思っているけれど、それほど確信が持てない投資家がいると仮定しましょう。手元の資金は、株式を購入できる31.73ドル（実際にはその100倍）あるとします。株式だけを買う場合と、満期日が1年後のLEAPSコールを買って残りの資金を温存（年率2％の金利の債券に投資）する場合と、どちらが有利でしょうか？

25 LEAPSコールを7.42ドルで買ってみます。残りの現金は24.31（31.73 − 7.42）ドルですが、満期日までには利息がつくので24.80ドルになります。満期日の株価により、利益率（損失率）がどうなるかを見ていきます。

例えば、満期日に株価が30ドルになっていた場合、25コールの価格は5ドルですから、現金と合わせて29.80ドルになります。初期投資が31.73ドルですから、−6.1％の投資利益率です（次ページの上の表）。

同様に、30ドル、35ドルなどの権利行使価格のコールを買った場合、満期日の株価により利益率は次ページの下の表のようになります。い

◆満期日株価の違いによる 25LEAPS コールの損益率

満期日株価（ドル）	初期投資（ドル）	満期日前現金（ドル）	25LEAPSコールの価格（ドル）	合計金額（ドル）	投資利益率
25	31.73	24.8	0	24.8	-21.8%
30	31.73	24.8	5	29.8	-6.1%
35	31.73	24.8	10	34.8	9.7%
40	31.73	24.8	15	39.8	25.4%
45	31.73	24.8	20	44.8	41.2%
50	31.73	24.8	25	49.8	57.0%

◆満期日株価の違いによる LEAPS コールの権利行使価格別の損益率

満期日株価（ドル）	PFEの株価：変化率	25LEAPSコール	30LEAPSコール	35LEAPSコール
20	-37.0%	-21.8%	-10.5%	-5.4%
25	-21.2%	-6.1%	-10.5%	-5.4%
30	-5.5%	9.7%	5.2%	-5.4%
35	10.3%	25.4%	21.0%	10.4%
40	26.1%	41.2%	36.7%	26.1%
45	41.8%	56.9%	52.5%	41.9%

ずれの場合でも、株式の単独購入よりも損失率は低く、利益率は高くなっています。

別の例で、LEAPS コール買いを信用取引と比較してみましょう。信用取引は、株式購入に必要な資金の半分を証券会社から借りて株式投資を行うものです。金利が比較的高いことに注意してください。今、利率を年8％とし、ある株式の価格（株価）が40ドルとします。信用取引では、20ドルの資金があれば、株式を購入できます。

◆信用取引の損益率

2年後の株価（ドル）	初期投資（ドル）	利息（ドル）	損益（ドル）	損益率
20	20	3.2	-23.2	-116%
30	20	3.2	-13.2	-66%
40	20	3.2	-3.2	-16%
50	20	3.2	6.8	34%
60	20	3.2	16.8	84%
70	20	3.2	26.8	134%
80	20	3.2	36.8	184%

LEAPS コール買いの場合の損益はどうなるでしょうか？　今、満期日が2年先の30 LEAPS コールの価格が18.5ドルとします。

◆ LEAPS コールの損益率

2年後の株価（ドル）	初期投資（ドル）	30LEAPS コールの価格（ドル）	損益（ドル）	損益率
20	18.5	0	-18.5	-100%
30	18.5	0	-18.5	-100%
40	18.5	10	-8.5	-45.9%
50	18.5	20	1.5	8.1%
60	18.5	30	11.5	62.2%
70	18.5	40	21.5	116.2%
80	18.5	50	31.5	170.3%

両者とも似た損益表ですが、株価上昇時は、若干 LEAPS コール買いのほうが、信用取引よりリターンが悪くなっています。LEAPS コールは時間価値が 8.5 ドルで、信用取引の 3.2 ドルのローンより高いためです。LEAPS コール買いでは、信用取引に比べて、株価上昇の局面での利益を犠牲にしますが、その分、株価下落時の損失を大幅に限定します。

コラム：機会費用について

　ゼロサムゲームとは、勝った人が得る利益と負けた人が失う損失の和が0になる勝負のことです。これはふつうスポーツの世界にはありません。野球で「楽天」対「日本ハム」の試合結果が7対3の場合、勝った楽天の点と負けた日本ハムの点の和は 10（＝ 7 ＋ 3）で、0ではありません。

　しかし、金融の世界は、ゼロサムゲームが多くあります。株式投資もそうです。例えば、BさんがKAPPA社の株を100 株保有しているとします。そこで、AさんがBさんから、KAPPA 社の株を 100 株買ったとします。その結果、AさんはKAPPA社の株式を100株保有し、Bさんは何も持っていなくなりました。そのあと、株式が 10% 値上がりしました。この場合、Aさんの資産が 10% 増え、Bさんの資産は変化がないので、一見すると、ゼロサムゲームには見えません。しかし、経済・投資の世界では「機会費用」という概念があります。機会費用とは、ある行動を選択することによって失

われる、ほかの選択可能な行動のうちの最大利益を指す経済学上の概念ですが、投資の世界では、マーケットで利益を上げられる機会があるのに、何もしないことによって生じる損失のことを言います。

　上の例では、Bさんは株式を売ったことにより、現金を受け取り、もはや株式を保有していません。もし、Bさんが株式を保有し続けていたら、10％の利益が得られたはずです。Bさんは株式を売ることによって、10％の利益を得る機会を失いました。したがって、Bさんが株式を売った機会費用は－10％になります。Aさんは株価上昇で10％の実現利益を得、Bさんは内在的な機会費用が－10％なので、合計すると0になります。したがって、株式投資の世界ではゼロサムゲームと言えます。

　では、オプション取引ではどうでしょうか？　BさんがKAPPA社のコール・オプションを持っていたとします。そこで、AさんがBさんからそのコール・オプションを1単位（枚）買いました。そのあとで、オプションの価格が10％上がりました。その結果、Aさんの資産は10％増え、Bさんは機会費用が－10％なので、ゼロサムゲームに見えます。しかし、最初にBさんがKAPPA社のコール・オプションを持っていなかったとしたら、どうなるでしょうか？

　次に、カバード・コールの例を出しましょう。BさんはKAPPA社の株式を1株30ドルで100株買ったとします。3,000ドルの費用です（手数料などは省きます）。同時にBさ

んは権利行使価格が32ドルで満期日が1ヶ月先のKAPPA社のコール・オプションをAさんに0.5ドルで売って、50ドルの現金を得ます。KAPPA社のコール・オプションをショートしていることになります。つまり、カバード・コール（219ページで説明）です。

　Bさんのコール・オプションのショート・ポジションはオプションが満期日を迎えて権利消滅するか、Aさんがコール・オプションを買い戻すまで続きます。

　30日後の満期日に、株価が最初と同じ30ドルの場合はどうなるでしょうか？　AさんがBさんから買ったコール・オプションは無価値になります。AさんがKAPPA社の株式を欲しければ、32ドルで買えるコール・オプションの権利を行使することなく、市場から買えばいいからです。Bさんのショート・ポジションのコール・オプションも無価値になります。

　この結果、BさんはAさんにコール・オプションを空売りすることにより50ドルの実現利益を得ました。Aさんは50ドルの実現損失です。したがって、この例ではゼロサムゲームです。

　しかし、Aさんが権利行使価格32ドルのコール・オプションをBさんから買った後に、株価が64ドルに跳ね上がったらどうなるでしょうか？　そして、Aさんがコール・オプションの権利を行使して、Bさんが保有する株式を32ドルで買ったら、どうなるでしょうか？

　まず、Bさんの立場から見ます。Bさんは30ドルで株式を買った後、ショートしていたコール・オプションの権利が

行使されたので、32ドルで売ることになります。200ドルの実現利益です。しかし、AさんにコールΦオプションを売ったことによって、株価が32ドルから64ドルに跳ね上がった利益を得られなかったので、3,200ドルの機会費用になります。

最初にコール・オプションを売った時に50ドルを得ていますから、実現利益と内在的な機会費用を合計すると、50 + 200 − 3,200 = − 2,950ドルになります。

次に、Aさんの立場から見ます。AさんはBさんからコール・オプションを買いました。買うのに要したコストは50ドルです。株価が上がってこの権利行使をすると、株価が64ドルになったら、100株32ドルで買えるので、3,200ドルの実現利益です。合計すると、3,150ドルの利益です。

全体、つまりAさんとBさんの実現利益と機会費用を見ましょう。Bさんは2,950ドルの機会費用で、Aさんは3,150ドルの利益ですから、合計すると200ドル（3,150 − 2,950）の利益になります。つまり、ゼロサムゲームではありません。Bさんは機会費用では大きな損失になりますが、実現利益が250ドルであるという事実は変わりません。

この例は少しわかりにくいかもしれないので、出産・育児の例で説明します。繰り返しますが、機会費用とは、ある行動を選択することによって失われる、ほかの選択可能な行動のうちの最大利益を指す概念です。

出産・育児にかかる費用には、何があるでしょうか？　診療費、入院費、ベビーカー、ベビーベッド、洋服など多くの

費用がかかります。これらは直接費用です。出産・育児にはこれ以外にも多くの費用が隠れています。内閣府の資料によると、第一子出産後に退職し、第二子出産1年後で別の会社に就職し、定年まで勤めた場合の機会費用は5,880万円になります。子供を生まないで会社に勤め続けた場合に比べて、収入が5,880万円減るということです。この数字を知ったら、出産を躊躇する人もいるかと思います。

　この機会費用をできるだけ少なくすることが少子化対策の基本です。つまり、出産する時に、会社を辞めるという暗黙のルールや慣習が会社にあるとしたら、それをなくし、育児休暇の取得が昇進に不利にならないような制度や文化を作り、また社内あるいは地域で保育園を充実させるなど、勤務を続けたい女性が働きやすくする環境を作ることが大事だということがわかると思います。

7　カバード・コール（☆☆☆）

　カバード・コール戦略とは、**「株式の買い（保有）」と「コールの売り建て」のポジションを同時にとる**戦略です。この戦略にはどんな長所があるのでしょうか？

　まず、「株式の買い（保有）」だけの場合、利益の上限は、理論上、無限大で、最大損失は株式の購入代金までです。一方、上述の「コール売り」は利益の最大はコールを売った時に受け取ったプレミアムで、損失は株価が上がるにつれて増えるので、理論上、無限大です。

　この「株式の買い（保有）」と「コール売り」の長所と短所をうまく組み合わせたのが、カバード・コールです。株式のダウンサイド・リスク（株価が下がる場合のリスク）を減らし、売り建てのコールのアップサイド・リスク（株価が上がる場合のリスク）を完全に消します。

　カバード・コール戦略では、コールの売り建てにより、株価が一定以上上昇した場合の利益は限定されるものの、オプション・プレミアムを受け取ることによって株価が一定以下に留まった場合にも運用収益の向上が期待できることになります。原資産の収益の上限を設定する代わりに、オプション・プレミアムを享受するということです。具体的にこのカバード・コールの流れを見ていきましょう。

　まずは原資産（株式等）を買います。今、あなたがMSFT（Microsoft）の株を100株購入したとします。株価は36ドルとしましょう。購入価格は、3,600（＝36×100）ドルです。

　株式を買ったら、次にそれを原資産とするコールを売り建てます。満期日は、通常は、1ヶ月か2ヶ月ぐらい先のものにします。権利行使価格37ドルのアウト・オブ・ザ・マネーであるコールの価格を0.5ドルとすると、それを売り建てることにより、50（＝0.5×100）ド

ルを受け取ります。通常の本は、満期日の損益図しか出していないので、満期日前の損益図も出しておきます（下の図の大きな点線）。

満期日にコールがアウト・オブ・ザ・マネーまたはアット・ザ・マネーの場合、つまり、株価が37ドル以下の場合、オプションの価値はゼロになるので、オプションの買い手は権利行使することなく、オプションの売り手の義務は発生しません。売ったコールは権利消滅（expire）し、コールを売った時に受け取ったプレミアムがそのまま利益となります。株式は保有したままです。

満期日にイン・ザ・マネーの場合、つまり株価が37ドルより高い場合、何もしなければ（コールを買い戻さなければ）、オプションは権利行使されます。権利行使されると、保有していた株式は自動的に権利行使価格で売却されます。この例の場合は、例えば、株価が40ドルになっていたとしても、株式を37ドル（コールの権利行使価格）で売ることになります。代金として、3,700ドル（= 37ドル×100株）

◆カバード・コールの損益図

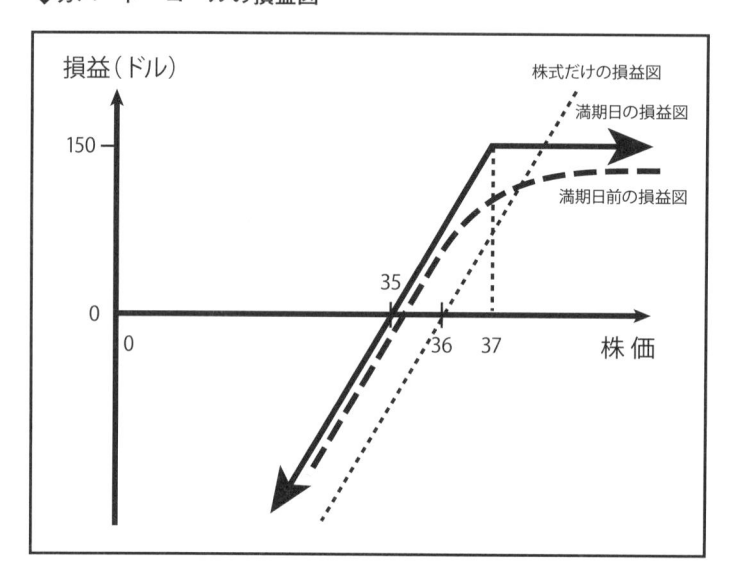

が口座に入金されます。株式の売却益は100（＝ 3,700 − 3,600）ドルですが、最初にコールを売った時に50ドルを受け取っているので、合計で150ドルの利益になります。

　コールの権利行使を避けるために、コールを買い戻して、満期日がさらに先のコールを新たに売ることもできます。このローリングのしかたについては、『週末投資家のためのカバード・コール』に詳しく書いてあるので、それを参考にしてください。

　本書では、カバード・コールのコール・オプションがイン・ザ・マネーに入っても、何もしないで権利行使されることにします。カバード・コールが権利行使されるということは、株価が上昇傾向にあるというわけですから、その後は前述のプット売りに移ります。

8 LEAPSコール・ダイアゴナル・スプレッド（☆☆）

　カバード・コールの場合、原資産は株式ですが、株式を持つ代わりに**イン・ザ・マネーのLEAPSコールをロング・ポジションで持つ**と同時に、**通常のコール（満期日が1ヶ月または2ヶ月先）をショート・ポジションで持つ**戦略を、**LEAPSコール・ダイアゴナル・スプレッド**と言います。LEAPSコールの代わりにLEAPSプットを持つ場合は、LEAPSプット・ダイアゴナル・スプレッドと言います。LEAPSコール・ダイアゴナル・スプレッドのほうが流動性に優れ、一般的なので、これについて述べます。

　ロング・ポジションのLEAPSコールを**ロング・アーム**と言い、ショート・ポジションのコールを**ショート・アーム**と言います。

　この戦略の優れている点は、現物株を原資産とするカバード・コールよりも初期投資の金額が少なくてすむ点です。当然、ROI（Return on Investment）も高くなります。株価の変動が少なく、ショート・アームが満期日に権利が消滅するような場面（＝権利行使されない場面）でこの戦略は有効です。株価急騰時の保険として、カバード・コールは現物株をもちますが、LEAPSコール・ダイアゴナル・スプレッドではLEAPSコールをもちます。

　ロング・アームをdeep ITM（ディープ・イン・ザ・マネー）にするか、nearly ATM（ニアリー・アット・ザ・マネー）にするかについては、一見、nearly ATMは初期投資額が少なくてすむので有利に見えます。しかし、時間価値は常にATMで最大になり、権利行使価格から離れるほど小さくなります。ロング・アームのタイム・ディケイの影響を少なくするためには、ロング・アームはdeep ITMのほうがいいでしょう。実際に、『週末投資家のためのカバード・コール』で示したように、

deep ITM のほうが多くの場合で良好な結果になりますので、本書では deep ITM をロング・アームにします。

では、LEAPS ダイアゴナル・スプレッドの具体例を見ていきましょう。2014 年 1 月 3 日の PFE（Pfizer）の終値は 30.52 ドルでした。この時、イン・ザ・マネーである「残存期間が 741 日の 23 LEAPS コール」をロング・アームとして持ち、同時にショート・アームとして、LEAPS ではない通常の「残存期間 77 日の 31 コール」を持つポジションを考えます。23 LEAPS コールの理論価格は 7.85 ドル（取引価格は 7.80 ドル）でした。残存期間 77 日の 31 コールの理論価格は 0.57 ドル（取引価格は 0.58 ドル）でした。

まず、株価が下がった場合を見ましょう。例えば、ショート・アームの満期日に株価が 31 ドル未満の場合、ショート・アームのコールは権利消滅となり、受け取った 0.58 ドルが利益になります。満期日に株価が 30 ドルならロング・アームの理論価格は 7.38 ドルで、0.52 ドルの含み損（7.38 − 7.80）です。ショート・アームとロング・アーム合わせて、0.06（0.58 − 0.52）ドルの利益です。当然、株価がさらに下がれば、ロング・アームの毀損は大きくなり、含み損が出ます（下の表）。

◆カバード・コールと LEAPS ダイアゴナル・スプレッドの比較

	カバード・コール	LEAPS ダイアゴナル・スプレッド
投資資金	30.52 ドル	7.80 ドル
キャッシュフロー	0.58 ドル	0.58 ドル
評価損益	−0.52 ドル	−0.52 ドル
合計	0.06 ドル	0.06 ドル
ROI	19.7%	76.9%

※満期日株価 30 ドルの場合

満期日に株価が変化していない場合は、LEAPSダイアゴナル・スプレッドのロング・アームの理論価格は7.83ドルになり、ロング・アームは0.45ドルの損失（7.38 − 7.83）になりますが、当初0.58ドルを受け取っているので、合計では0.13ドルの利益になります（次ページの上の表）。

一方、ショート・アームの満期日に、株価が31ドル以上に上がっていて、ショート・アームがイン・ザ・マネーで満期日を迎えた場合は、何もしなければ、31コールは自動的に権利行使され、ショート・ポジションの株式が口座に入ります。

ポジションを解消したい時は、この株式を買い戻します。このことを**ローリング**と言います。その後、満期日が翌月以降のコール・オプションを新たに売り建てます。買い戻すには現金が必要ですが、LEAPSコールの価格も上がって含み益が出ているので、その分だけ、相殺されます。LEAPSコールが大きく値上がりしていたならば、合計で利益が出ることもあります。

例えば、ショート・アームの満期日に、株価が32ドルに上がった場合は、31コール・オプションを買い戻すのに1ドル必要です。その後、満期日が翌月の33コール・オプションを新たに0.19ドル（理論価格）で売り建てれば、キャッシュフローは0.23（0.58 − 1 + 0.19）ドルのマイナスです。ロング・アームの23 LEAPSコールは9.17ドルになっているので、1.32（9.17 − 7.85）ドルの含み益が出ています。合計で、1.09（1.32 − 0.23）ドルの含み益です（次ページの下の表）。

LEAPSは流動性が低いので、株価が急落したり、急騰した場合を除いて、ポジションは解消しないほうがいいでしょう。

さらにローリングなど具体的な対応を知りたい方は、拙書『週末投資家のためのカバード・コール』をご覧ください。

◆カバード・コールと LEAPS ダイアゴナル・スプレッドの比較

	カバード・コール	LEAPS ダイアゴナル・スプレッド
投資資金	30.52 ドル	7.80 ドル
キャッシュフロー	0.58 ドル	0.58 ドル
評価損益	0 ドル	-0.45 ドル
合計	0.58 ドル	0.13 ドル
ROI	19.7%	16.7%

※満期日株価 30.52 ドルの場合

◆カバード・コールと LEAPS ダイアゴナル・スプレッドの比較

	カバード・コール	LEAPS ダイアゴナル・スプレッド
投資資金	30.52 ドル	7.80 ドル
キャッシュフロー	-0.23 ドル	-0.23 ドル
評価損益	1.48 ドル	1.32 ドル
合計	1.25 ドル	1.09 ドル
ROI	4.1%	14.0%

※満期日株価 32 ドルの場合

9　LEAPS コール・ブル・スプレッド（☆☆）

スプレッドとは、**コール・オプションまたはプット・オプションを買い**、同時に**権利行使価格が違うコール・オプションまたはプット・オプションを売る**ポジションです。満期日が違う場合は、カレンダー・スプレッドと言いますが、ここでは満期日が同じオプションにします。

このようなスプレッドは特に、Vertical spread と言います。コール・オプションまたはプット・オプションをロングとショートの2本で持ち、それぞれを**レッグ**と言います。

なお、**ブル・スプレッド**とは、株価の上昇で利益が出るすべてのスプレッドを言います。オプションはコールでもプットでも構いません。逆に、株価の下落で利益が出るすべてのスプレッドは**ベア・スプレッド**です。

コール・オプションを使うのが、LEAPS コール・ブル・スプレッドです。

LEAPS コール・ブル・スプレッドは、一般的には、**イン・ザ・マネーの LEAPS コール・オプションを買い、アウト・オブ・ザ・マネーの LEAPS コール・オプションを売る**ポジションです。前者のコール・オプションのほうが値段が高いので、差し引きマイナスとなります。アウト・オブ・ザ・マネーのコール・オプションを売っている分、LEAPS コール買いより初期投資が少なくてすみますが、最大利益は限定されます。株価の上昇が期待される時に、このポジションを取ります。

例えば、株価が42ドルの時、40コールを3ドルで買い、45コールを1ドルで売るポジションを考えます。最大利益は株価が45ドル以上になった時に「権利行使価格の差（5ドル）－当初のオプション価格の差（2ドル）」になります。最大損失は当初のオプション価格の

差（2ドル）に限定されます（下の図）。

◆コール・ブル・スプレッドの損益図

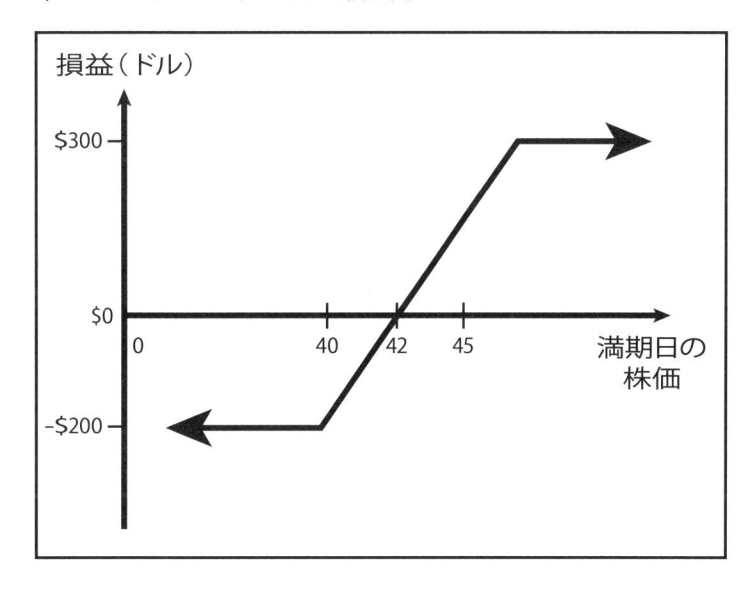

具体的に見ていきましょう。DISH（Dish Network Corp.）の株価の推移は下の図のようになっています。

◆ DISH の株価の推移

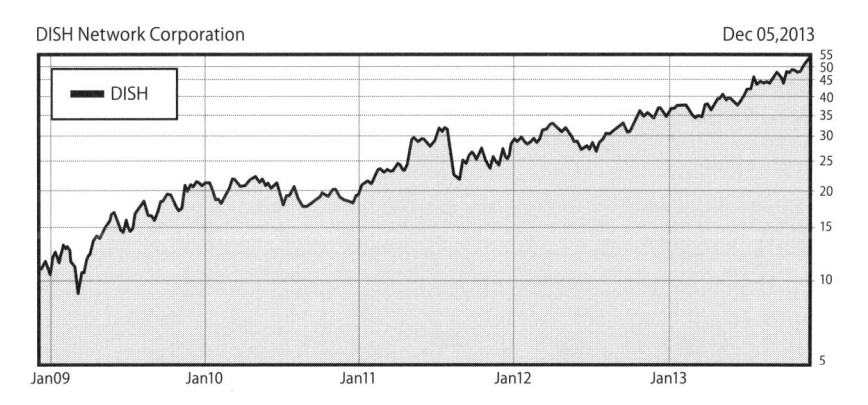

DISH の 2013 年 12 月 6 日の終値は 54.77 ドルでした。今後、DISH が上昇すると予想される時、どのような投資をするでしょうか？

　一番普通なのは、株式を買うという方法です。この時、100 株買うなら、5,477 ドルが必要です。マージン口座なら 2,738.5 ドルが必要で、残りの 2,738.5 ドルを証券会社から借りることになります。どちらでも投資家は、株式を所有している以上大きなリスクを背負うことになります。

　202 ページで紹介した LEAPS コール買いも、ひとつの方法です。これは、すでに見てきたように、普通に株式を買うよりも良いと思います。株価が 54.77 ドルの時、満期日が 13 ヶ月先の LEAPS コールの取引価格を見てみましょう（次ページの上の表）。なお、（ ）内は理論値です。

　ところで、この銘柄のインプライド・ボラティリティは現在どの水準でしょうか？　IVolatility（http://www.ivolatility.com/calc/）のサイトで調べると、DISH のこの時点で満期日まで 30 日のコール・オプションのインプライド・ボラティリティは 43.15% で、過去 180 日の 25.69% と比べて高くなっていることがわかります（次ページの下の図）。したがって、コール・オプションの価格（プレミアム）は高くなっていて LEAPS コールを買うには多くのコストが掛かります。

　インプライド・ボラティリティが高いオプションを買った場合、その後、インプライド・ボラティリティがヒストリカル・ボラティリティのレベルまで下がれば、オプション価格も安くなるので、LEAPS コールの保有者はその分、損することになります。

　このような時に有効なのが、もうひとつのオプションを売り建てる**LEAPS コール・ブル・スプレッド**です。インプライド・ボラティリティが大きいので、相対的に高い価格で売り建てることができます。

　潜在的利益と損失は、次で示すように、2 つのレッグと株価の関係で決まります。

◆権利行使価格別の LEAPS コールの価格

権利行使価格	LEAPSコール
34	16.80 (21.54)
40	16.40 (17.11)
50	10.2 (10.56)
54	7.83 (8.05)
60	5.80 (5.78)
65	3.80 (3.76)

単位:ドル

◆ DISH のインプライドボラティリティの推移

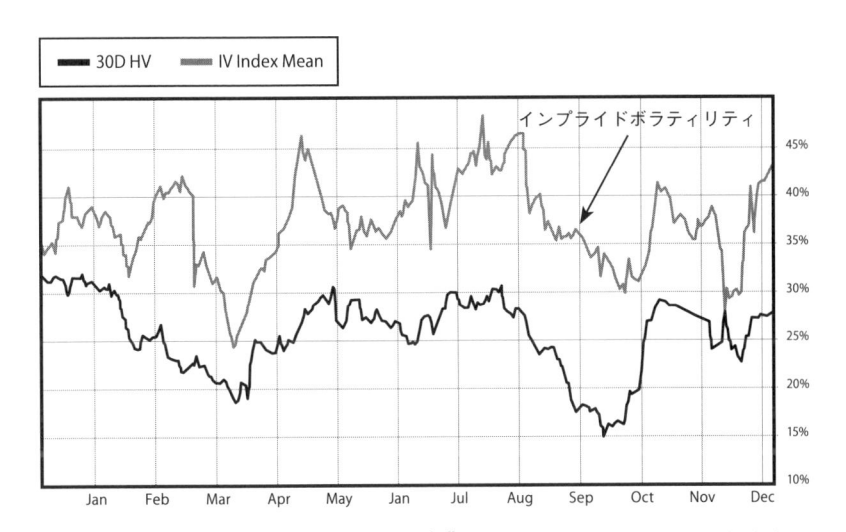

出典:http://www.ivolatility.com/calc/

①ひとつ目の考え方

ロング・ポジション（権利行使価格が低いほうのレッグ）を現在の株価の近くかすぐ上に置けば、潜在的利益は潜在的損失の何倍にもなります。上記の例（株価54.77ドル）では、54 LEAPSコールを買い（ロング）、65 LEAPSコールを売る（ショート）ポジションです。

②2つ目の考え方

2つのレッグ（ロング・ポジションとショート・ポジション）の中間に現在の株価が来るように設定すれば、潜在的利益と損失はほぼ等しくなります。上記の例では、50 LEAPSコールを買い（ロング）、60 LEAPSコールを売る（ショート）ポジションです。

③3つ目の考え方

ショート・ポジション（権利行使価格が高いほうのレッグ）を現在の株価のすぐ下に置けば、2つのレッグがともにイン・ザ・マネーに入っているので、利益が出る可能性は高くなりますが、利益は限定的で、潜在的損失は大きくなります。上記の例では、40 LEAPSコールを買い（ロング）、54 LEAPSコールを売る（ショート）ポジションです。

株価が54.77ドルのDISHの場合、上の3つのパターンの最初のポジションを取ってみましょう。つまり、54 LEAPSコールを7.83ドルで買い、同時に65 LEAPSコールを3.80ドルで売ります。この場合、差し引き4.03（=7.83 − 3.80）ドルのコストです。

高いインプライド・ボラティリティはやがてヒストリカル・ボラティリティに収束することが多いので、今、満期日まで200日、100日、30日、1日の時点で、インプライド・ボラティリティがヒストリカル・ボラティリティの25%になると仮定します。株価が60ドル、70ドル、80ドルに上がった場合の利益をシミュレーションします。

時間が経過した時のコスト差し引き後の利益は下の表の通りです。利益は限定されますが、最初の投資コストが低く抑えられるので、ROI は高くなります。そして、満期日が近づくにつれて、利益は漸増します。（　）内は ROI です。１年あたりの数字ではありません。

◆ LEAPS コール・ブル・スプレッドの満期日前の利益（率）

	200日	100日	30日	1日
60ドル	1.34 (33%)	1.53 (38%)	1.82 (45%)	1.97 (49%)
70ドル	4.54 (112%)	5.48 (136%)	6.59 (164%)	6.97 (173%)
80ドル	6.17 (153%)	6.74 (167%)	6.97 (173%)	6.97 (173%)

ちなみに、40 LEAPS コール買いだけの損益表は下の表の通りです。株価がこの範囲では、ROI はブル・スプレッドに劣りますが、さらに上昇すれば、LEAPS コール買いが勝ります。

◆ LEAPS コール買いの満期日前の利益（率）

	200日	100日	30日	1日
60ドル	3.74 (23%)	3.60 (22%)	3.60 (22%)	3.60 (22%)
70ドル	13.70 (84%)	13.60 (83%)	13.60 (83%)	13.60 (83%)
80ドル	23.70 (146%)	23.60 (144%)	23.60 (144%)	23.60 (144%)

次に同じような例ですが、もうひとつ、RHT（Red Hat, Inc.）を見てみましょう。今（2013年12月6日）の株価は46.77ドルです。

◆ RHTの株価の推移

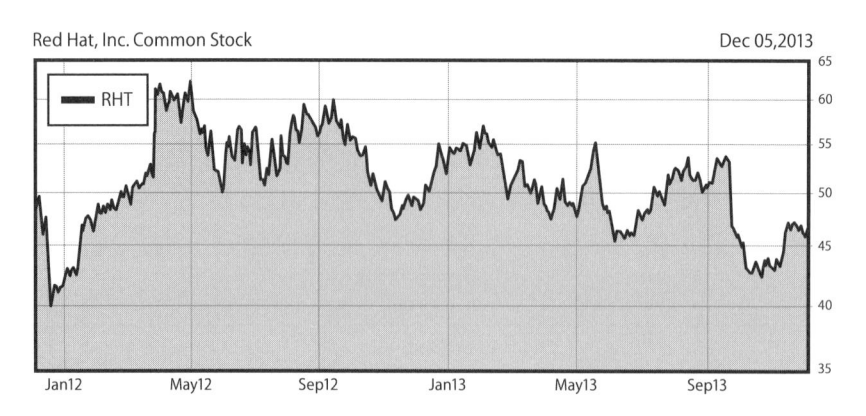

この銘柄のヒストリカル・ボラティリティは20.15％ですが、現在のインプライド・ボラティリティは42.01％です。インプライド・ボラティリティは下図のように、ヒストリカル・ボラティリティの2倍あり、最高圏内です。

◆ RHTのインプライド・ボラティリティ／ヒストリカル・ボラティリティ

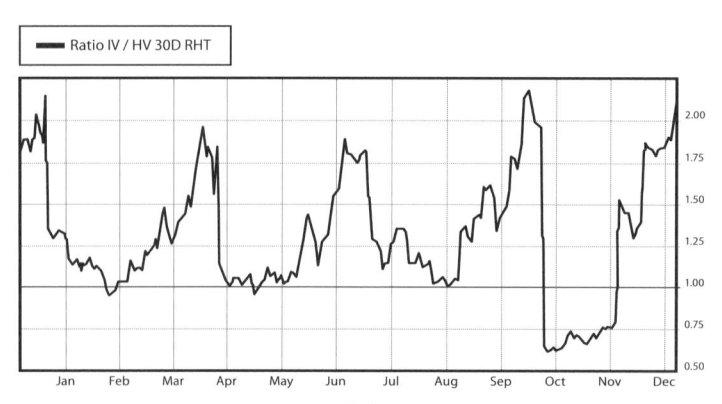

出典：http://www.ivolatility.com/calc/

ここで、満期日が13ヶ月先の40 コール・オプションを10.10ドルで買い、同時に50 コール・オプションを4.62ドルで売ることにしましょう。差し引き5.48ドルのコストです。

　高いインプライド・ボラティリティはやがてヒストリカル・ボラティリティに収束することが多いので、満期日まで200日、100日、30日、1日の時点で、インプライド・ボラティリティがヒストリカル・ボラティリティの20％になると仮定して、株価が50ドルと60ドルに上がった場合の利益をシミュレーションします。利益は限定されますが、最初の投資コストが低く抑えられるので、ROIは良くなります。そして、満期日が近づくにつれて、利益は漸増します。コスト差し引き後の利益は下の表の通りです。（　）内はROIです。1年あたりの数字ではありません。

◆ LEAPSコール・ブル・スプレッドの満期日前の利益（率）

	200日	100日	30日	1日
50ドル	1.79 (32.7%)	2.47 (45.1%)	3.38 (61.7%)	4.31 (78.6%)
60ドル	4.02 (73.4%)	4.41 (80.5%)	4.43 (80.8%)	4.52 (82.5%)

10　LEAPS プット・ベア・スプレッド（☆）

　株価が今後下がるだろうと予想する銘柄がある場合、株式を空売りしてもいいですが、空売りするには口座にかなりの資産がないとできません。また、潜在損失額は無限大ですし、金利がかなり高いので、あまり良い戦略ではありません。プット・オプションを買ってもいいですが、上記と同様、LEAPS プット・ベア・スプレッドのポジションをとったほうが、初期投資が少なくてすむ分、資産効率（ROI）は良くなります。他方、最大利益は限定されます。

　LEAPS プット・ベア・スプレッドは、イン・ザ・マネーの LEAPS プット・オプションを買い、アウト・オブ・ザ・マネーの LEAPS プット・オプションを売ります。前者のプット・オプションのほうが値段が高いので、差し引きマイナスとなります。これは株価の下落に対する保険です。株価が 38 ドルの時、40 プットを 4 ドルで買い、35 プットを 3 ドルで売るポジションです。満期日の損益図は次ページの上の図のとおりです。

　最大利益は株価が 35 ドル以下の時で、権利行使価格の差（5 ドル）－当初プレミアムの差（2 ドル）になります。最大損失は株価が 40 ドル以上の時で当初プレミアムの差（2 ドル）です。

1　保有銘柄に対する保険として使う場合

　IBM（International Business Machines Corporation）の例で見ていきましょう。現在（2013 年 12 月 6 日）、177.67 ドルです（次ページの下の図）。

　投資家は、ウォーレン・バフェットお墨付きのこの銘柄を、「今は、

◆ LEAPS プット・ベア・スプレッドの損益図

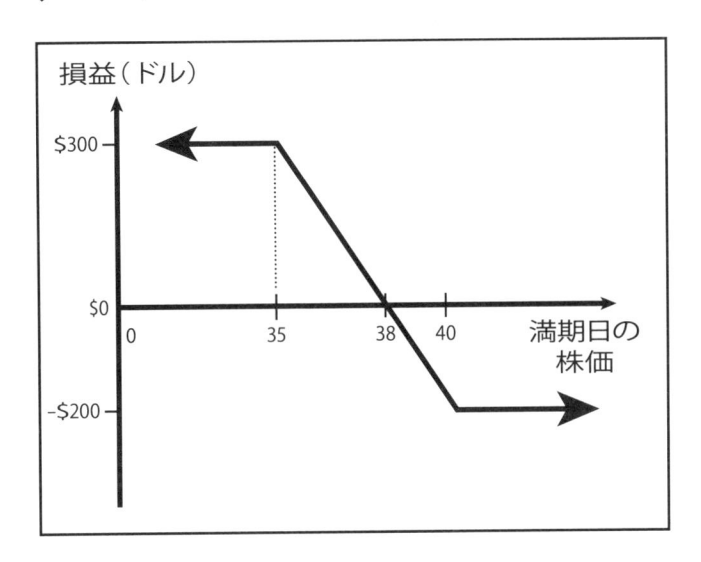

◆ IBM の株価の推移

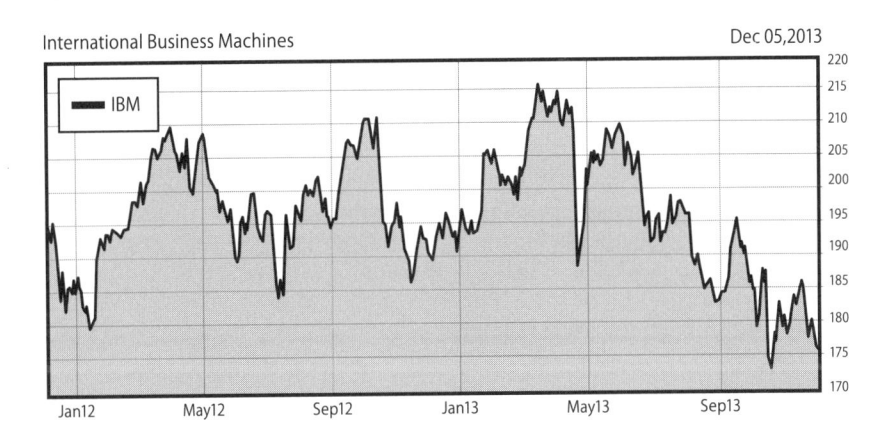

International Business Machines　　　　　　　　　　　　　　Dec 05,2013

調整中だけど、株価がこれ以上下がらないだろう」と考え、177.67 ドルで購入したいと思っているとします。それでもやはりさらに下がる不安はぬぐいきれません。

この場合、満期日が 13 ヶ月先の 180 LEAPS プット・オプションを 31.55 ドルで買い、同時に満期日が同じ 150 LEAPS プット・オプションを 6.10 ドルで売ることにします。差し引き 25.45 ドルのコストです。

それでは、株価が下落した場合はどうなるでしょうか？ 各レッグのコスト差し引き後の利益は下の表の通りです。

◆ LEAPS プット・オプションの満期日前の価格（株価 140 ドル）

	200日	100日	30日	1日
180プット・オプション	41.81	40.97	40	40
150プット・オプション	15.02	13.13	10.15	10

単位：ドル

LEAPS プット・ベア・スプレッドを組めば、株式だけを所有している場合の損失をある程度補填してくれます。全面的な保険ではなく、140 ドルまでの部分的な保険で、それ以下に株価が下がった場合は、自己責任という考え方です。これにより、全面的な保険であるプット買い（プロテクティブ・プット）より、コストを抑えることができます。

例えば、満期日まで 100 日の時点で株価が 140 ドルに下がった場合は、株式だけだと 37.67 ドルの損失ですが、このポジションを持っていれば、35.28［37.67 −（40.97 − 31.55）+（13.13 − 6.10）］ドルの損失に抑えられます。

2 株価下落に賭ける場合

また、IBM の株価の下落に賭ける場合は、株式を持たずに、

LEAPSプット・ベア・スプレッドだけのポジションにします。25.45ドル（31.55ドル－6.10ドル）のコストに対して、満期日100日前に株価が140ドルに下がった場合は、16.45ドル［(40.97ドル－31.55ドル)＋(13.13ドル－6.10ドル)］の利益が出ます。利益率は64.6％になります。

11 LEAPS ベア・クレジット・スプレッドと LEAPS ブル・クレジット・スプレッド（星なし）

LEAPS ベア・コール・クレジット・スプレッドを見ます。これは、一般的には、**権利行使価格の低い LEAPS コールを売り、より権利行使価格の高い LEAPS コールを買う**ポジションです。前者のコール・オプションのほうが値段は高いので、差し引きプラスとなります。

株価が37ドルの時、35コールを3ドルで売り、40コールを1ドルで買った時の満期日の損益図です。

最大利益は株価が35ドル以下の時で、当初プレミアムの差（2ドル）です。

最大損失は株価が40ドル以上の時で、権利行使価格の差（5ドル）－当初プレミアムの差（2ドル）です。

◆ LEAPS ベア・コール・クレジット・スプレッドの損益図

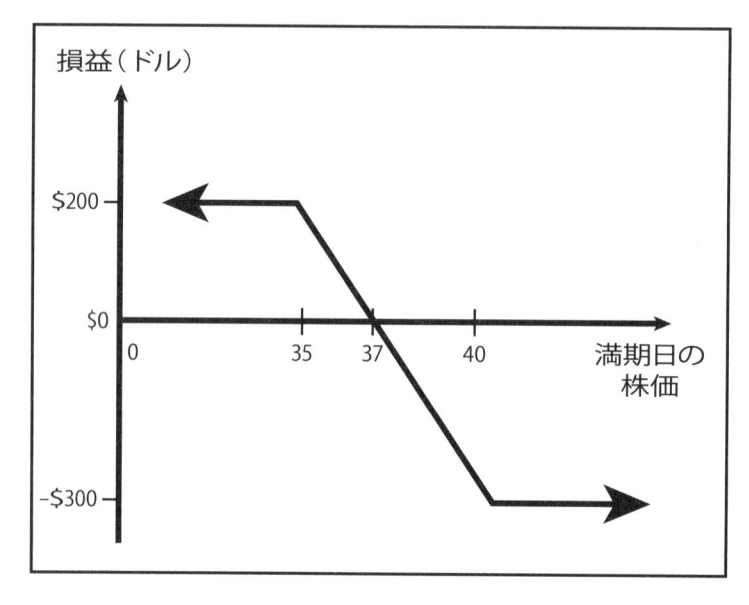

もう一度、IBMの例を使います。今（2013年12月6日）、IBMの株価が177.67ドルです。この時、満期日が13ヶ月先の190 LEAPS コールを8.95ドルで売り、同時に満期日が同じ220 LEAPS コールを2.29ドルで買うことにします。差し引き6.66ドルの利益です。

もしIBMの株価が現在の177ドル近辺かそれより低ければ、2つのオプション（レッグ）の権利は消滅し、当初得た利益がそのまま確定します。この戦略は、一見よく見えますが、これはあまり良い戦略ではありません。

IBMの株価が上がった場合はどうなるか見ていきましょう。上がっても190ドルを超えなければ、上記と同様、2つのオプション（レッグ）の権利は消滅します。196.66（= 190 + 6.66）ドルが損益分岐点です。

しかし、株価が220ドル以上では、2つのオプション（レッグ）の権利行使価格の差額、つまり30ドルの損失になるので、最初に得た6.66ドルと合計すると、23.34ドルの損失になります。

このポジションの最大の問題は、株価の上昇局面では、コール・オプションが早期履行される可能性があるということです。満期日まで1ヶ月になった時点で、株価が210ドルとします。ショート・ポジションの190コール・オプションはイン・ザ・マネーなので早期履行される可能性があります。仮に、早期履行されたらどうなるでしょうか？ 100株のIBM株をショート・ポジションでもつことになります。つまり、100株のショート・ポジションの株式と220コール・オプションという、かなり危険なポジションになります。ほかの保有資産や証券会社のルールにもよりますが、このポジションはマージンコールがかかってくる可能性があります。

次に、**LEAPS ブル・クレジット・スプレッド**です。これは、**権利行使価格の低いLEAPS プットを買い、より権利行使価格の高いLEAPS プットを売る**ことで、プット・オプションの売りのリスクを抑えて利益を狙う戦略です。

株価が43ドルの時、45 LEAPSプットを3ドルで買い、40 LEAPSプットを1ドルで売るポジションの満期日の損益図は以下のとおりです。

◆LEAPSブル・プット・クレジット・スプレッドの損益図

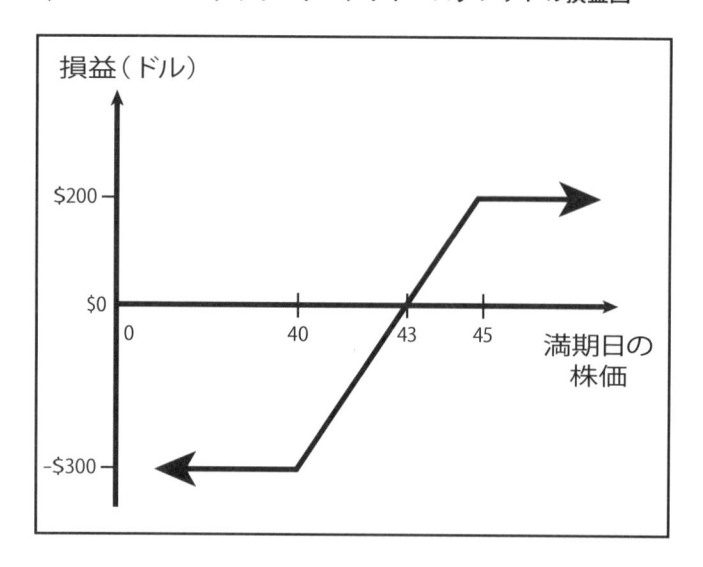

　最大利益は株価45ドル以上の時で「オプション受け取りプレミアム（3ドル）と支払いプレミアム（1ドル）の差（＝2ドル）」になります。
　最大損失は「権利行使価格の差（5ドル）－当初プレミアム（2ドル）の差（＝3ドル）」になります
　損失は、権利行使価格の差と当初プレミアムの差額に限定されていますが、利益も小さい（プットの受け取りプレミアムと購入プレミアムの差額）ので、あまり有用なポジションではありません。

12　プロテクティブ・プットとその派生（☆）

1　プロテクティブ・プット

相場のクラッシュや個別銘柄の下落などに備えて、プット・オプションを保有しておくことを、**プロテクティブ・プット**と言います。ここでは相場のクラッシュに対する対策を考えます。

例えば、100ドルの株式があるとします。この株式はボラティリティが高いので、1年間に60％のプラスになることもある一方、60％のマイナスになる可能性もあるとします。

1年後にマーケットのクラッシュが起きて40％下落したら、どうなるかシミュレーションしましょう。しかも、あなたが保有していた株式はβが1.4とします。当初100ドルだった株価が44（=100×（1－1.4×0.4））ドルに下落したらどうなるでしょうか？

最初から株式を保有しているのではなく、まずプット・オプションを売ります。株式を購入したいなら、すぐに株式を買うのではなく、プット・オプション売りから入るのが鉄則です。権利行使価格が現在の株価の5％下の95 LEAPSプットを9ドルで売ると仮定します。その後、マーケットがクラッシュしたら、95 LEAPSプットを売っているので、95ドルで株式を買うこと（義務履行）になりますが、現在は株価が44ドルなので、それでも51ドルの評価損です。

そこで、最初にLEAPSプットを売った時に得たオプション価格（プレミアム）の9ドルのうち一部を「保険」として、例えば、権利行使価格が当初価格の11％下のLEAPSインデックス・プットを買うと仮定します。

400日後マーケットは40％の暴落ですから、インデックス・プット

の保有で29（40 − 11）％の利益を得ます。これにより株式保有の分の56％のマイナスをかなりの程度圧縮することができます。

　これは、βが比較的高い株式を持っている場合に有効です。では、本当にこのようにうまくいくかを実際の取引値と理論値を使って検証します。

　今（2013年12月20日）、Oracle（ORCL）の株式は36.73ドルです。その時、残存期間755日の30 LEAPSプットを2.50ドル（理論値2.15ドル）で1単位（枚）売ったとします。これにより、250ドル（2.50ドル × 100株）の利益を得ます。プロテクティブ・プットとしてSPDR S&P500（SPY）のLEAPSプットを買う場合は、当初SPYは181.56ドルだったので、16.52（=30 × 100/181.56）株が相当します。実際には端数は買えないので、17単位（枚）買います。あるいはORCLのβが1.26なので、20.81（= 16.52 × 1.26）株、実際には20単位を買ってもいいでしょう。後者のほうが、当然、「保険」の力は大きくなりますが、コストはかかります。ここでは、前者の17株を買うことにしましょう。

　インデックス・プットの権利行使価格はいくらにしたらいいでしょうか？　これは、「保険」のコストとクラッシュ時の損失補填（利益）で決まりますが、ここでは、125ドルにしてみましょう。当初、インデックスのSPY 125 LEAPSプットが4.21ドル（理論値3.57ドル）でした。つまり、71.57（=4.21 × 17）ドルの支出です。結局、178.43（=250 − 71.57）ドルの現金が手元に残ります。

　400日後、マーケットがクラッシュして40％下落したと仮定します。ORCLはβが1.26なので50.4（1.26 × 0.4 × 100）％下落して、18.21ドルになります。当然、ORCLの30 LEAPSプットは権利行使されて、ORCL株式を1株30ドルで強制購入させられています。当初181.56ドルだったSPYは40％下落して、108.94ドルになっています。この時、株価の急落により、ボラティリティも23％から40％に上がって

いるとすると、SPY 125 プット（残存期間40日）は17.24ドルの理論値になります。これを売却すると、293.08ドル（17.24ドル×17単位）の利益になります。株式は1,179ドル［(18.21ドル − 30ドル) × 100株］の損失ですから、通算885.92ドルの損失になります。当初得た利益178.43ドルと合わせると、707.49ドルの損失まで圧縮できます。

つまり、このクラッシュへの対応策によって、以下の結果になります。

①単純な株式購入の場合

このケースでは、1,852［=（18.21 − 36.73）× 100］ドルの損失になります。

② LEAPS プット売りの場合

このケースでは、株式は1,179［=（18.21 − 30）× 100］ドルの損失ですが、当初250ドルの利益を得ているので、合計で929ドルの損失です。

③プロテクティブ・プットを使った場合

このケースでは、707.49ドルの損失ですみます。SPYのLEAPSプットの権利行使価格を上げれば、当初の利益は減りますが、クラッシュ時の利益は大きくなります。SPYのLEAPSプットの権利行使価格を下げれば、当初の利益は増えますが、クラッシュ時の利益は小さくなります。

では、逆に株価が上がった場合はどうなるでしょうか？

ORCL 株価が一度も30ドルを割らず、プット・オプションが行使されず、400日後にORCLが40ドルに上がった場合、30プット・オプションの理論値はもちろんゼロです。当初得た178.43ドルが利益になります。プロテクティブ・プットを使わなかった場合は250ドル

の利益ですが、これはトレード・オフの関係なので、仕方がありません。

2　マリッド・プット（Married put）

　相場のクラッシュまでは想定していなくても、ヘッジとして、プット・オプションを買うのは良い考えです。今（2013年12月20日）、SPYの株価は181.56ドルです。このSPYの満期日まで720日の180 LEAPSプットを19.75ドル（理論値は20.03ドル）で買います。合計、201.31ドルになります。

　プット・オプションがアット・ザ・マネー付近の場合を、とくにマリッド・プット（Married put）と言います。株価の下落に保険を掛けることになります。しかも、現在のSPYはボラティリティが17.7％で、歴史的なレンジの18％から55％に比べると、ほぼ最低レベルにあるので、オプションの価格は高い水準ではありません。

◆マリッド・プットの損益図

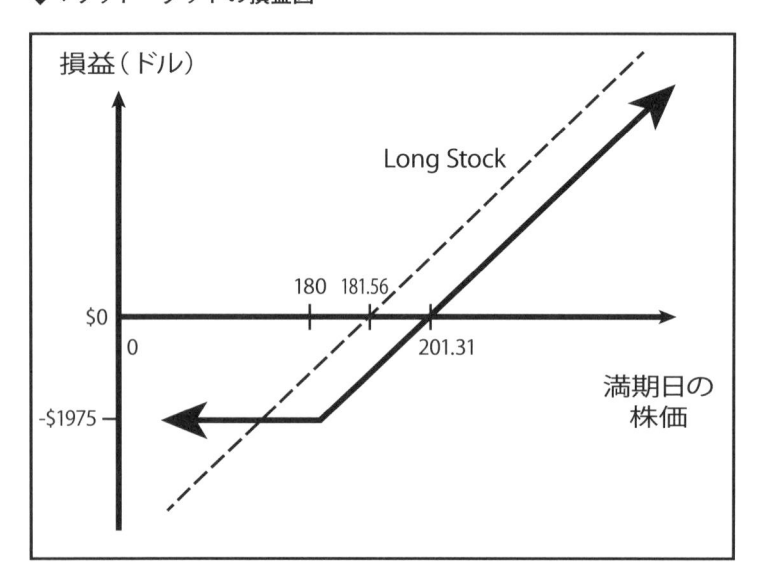

【第5章の註】

※18　一方、株価がどんなに上がってもこれ以上利益を得ることはできません（200ページ）
現金確保分の26,000ドルを短期運用すると利息がつきますが、今は金利が低いので、これは無視します

※19　105.40ドル（200ページ）
ボラティリティは株価急落により現在の25.1から35に上がったと仮定しています。ボラティリティが上がると、オプションの価格は上がるので、保守的な仮定です

第2部

第3章

プット売り、カバードコールなどのエビデンス

1 エビデンスはあるか？

　第1部でも、多くの超過リターンをもたらすファクター（アノマリー）を見てきました。レトロスペクティブ（後ろ向き）な検証から得られた、グリーンブラットやハウゲンのファクターの組み合わせは、ある特定の市場で、ある特定の期間だけ有効だったというだけの話で、データ・スヌーピング（詮索）の可能性が大きいと思われます。その後のプロスペクティブ（前向き）な検証に耐えられたものは、結局、PBR、PER、配当利回りなどのバリュー株効果と小型株効果、モメンタムなどでした。これらは、アノマリーが昔から言われているにもかかわらず、今日まで有効で、多くのエビデンスがあります。

　では、オプション取引でも、有効とされている戦略にエビデンスはあるのでしょうか？
　本章では、いくつかのアカデミックな論文で、オプション取引の有効性を見てみます。これらの論文は、レトロスペクティブ（後ろ向き）な検証ですが、これは昔から言われているカバード・コールとネイキッド・プット売りの有効性を検証したものであり、新たに有効なファクターの組み合わせをスヌーピングしたものではないので、これらの有効性が証明されれば、その信頼性は高いでしょう。

2 オプションで利益を得ることができるか？
～歴史的考察（Doran）～

　Doran は、米国市場で実際に近い形のオプション戦略でポートフォリオを作り、原資産とパフォーマンスを比較しています。
　オプションのロング・ポジションを取る時は、以下のことを条件とします。

①各月の初日にオプションを買えるだけ買います
②余った現金は無リスク資産で運用します
③満期日にオプションがイン・ザ・マネーで終わったら、権利を履行します。オプションがアウト・オブ・ザ・マネーの時は何もしません

　オプションのショート・ポジションを取る時は、以下のことを条件とします。

①各月の初日にマージン口座で下記のルールに従ってオプションを売ります。
②それに相当する原資産を買います
③ 余った現金は無リスク資産で運用します
④満期日にオプションがアウト・オブ・ザ・マネーの時は何もしません。オプションがイン・ザ・マネーで終わったら、権利は履行されます

　必要証拠金は CBOE では「オプションの価格 + 権利行使価格の 15％」です。例えば、権利行使価格 500 ドルのオプションの値段が 15 ドルとすれば、90（= 15 +（500 × 0.15））ドルになります。この論文のポートフォリオでは、リスク・テイクを中間にするために、オ

プションを売る時は、手に入れることのできる最大マージンの10％までのマージンだけを使います。

　この論文では、原資産は1984年から1995年まではS&P 100、1996年から2006年まではS&P 500です。オプションは満期日が3ヶ月先、6ヶ月先、12ヶ月先に最も近いものを選びます。コール（プット）・オプションのうち、インデックスの現在値から標準偏差分だけ少ない（多い）値で、最も権利行使価格に近いオプションをイン・ザ・マネー（アウト・オブ・ザ・マネー）とします。インデックスの現在値の最も権利行使価格に近いオプションをアット・ザ・マネーとします。なお、S&P 500の1年間の標準偏差は17％ですから、6ヶ月では12％、3ヶ月では8.5％になります。

　また、満期日が6ヶ月先、12ヶ月先のオプションは常にあるとは限らないので、例えば、満期日が12ヶ月先のオプションの実際の満期日までの日数は、380日から537日まで変化します。

　取引コスト、売買スプレッドについても、十分に安全なマージンをもって考慮されています。

　まず、コールとプットのロング・ポジションとショート・ポジション（writing）のリターンを見ます（次ページの上の表参照）。この表より、この4つのパターンの中では、プット売り（Writing Put）のリターンが良いとわかります。ついで、コール買い（Long Call）です。

　次に、LEAPS（満期1年）のデータのある1996年以降で見たのが次ページの下の表です。LEAPSコール・オプション（以降、LEAPSコール）買い、特にアウト・オブ・ザ・マネーのLEAPSコール買いのリターンが、15.2％と非常に良いことがわかります。私が（アウト・オブ・ザ・マネー）LEAPSコール買いを強く勧める根拠がこれです。

　LEAPSプット・オプション（以降、LEAPSプット）売りのリターンも示します。いずれもこの間（1996年－2005年）のインデックスのリターンは、年率7.7％よりは優れていますが、アット・ザ・マネー、

◆コールとプットのロング・ポジションとショート・ポジションのリターン

	満期日3ヶ月	満期日6ヶ月
Long Call (ATM)	10.4	10.9
Long Call (ITM)	10.0	10.0
Long Call (OTM)	10.1	10.1
Long Put (ATM)	5.9	6.0
Long Put (ITM)	8.1	7.4
Long Put (OTM)	5.6	5.9

	満期日3ヶ月	満期日6ヶ月
Writing Call (ATM)	9.5	8.2
Writing Call (ITM)	9.0	9.0
Writing Call (OTM)	10.2	9.6
Writing Put (ATM)	12.8	13.5
Writing Put (ITM)	13.4	14.3
Writing Put (OTM)	11.5	12.2

単位：%

◆コールとプットのロング・ポジションとショート・ポジションのリターン（1996年以降）

	満期日3ヶ月	満期日6ヶ月	満期1年
Long Call (ATM)	6.6	8.2	11.2
Long Call (ITM)	7.7	8.2	8.7
Long Call (OTM)	7.1	6.7	15.2
Writing Put (ATM)	10.5	10.2	9.1
Writing Put (ITM)	11.1	10.4	10.3
Writing Put (OTM)	9.3	8.8	8.9

単位：%

イン・ザ・マネー、アウト・オブ・ザ・マネーの中で特にリターンが優れているものはないようです。おそらく、LEAPSプット売りはdeepアウト・オブ・ザ・マネー（権利行使価格が現在の株価の70〜80%。例えば現在株価が100ドルだとしたら、80プットもしくは70プットを売るイメージ）のプット売りがいいと思われます。

次に、合成株式ポートフォリオというポジションについて見ます。**合成株式ポートフォリオとは、アット・ザ・マネーのコール・オプションを買い、アット・ザ・マネーのプット・オプションを売る**ポジションです。他に、アット・ザ・マネーのコール・オプションを買い、アウト・オブ・ザ・マネーのプット・オプションを売るポジションと、アウト・オブ・ザ・マネーのコール・オプションを買い、アウト・オブ・ザ・マネーのプット・オプションを売るポジションも同時に見ます。このポジションの長期間のリターンは、取引コスト控除後でも、ベンチマークを15%も上回ります。その高いリターンは、価格の高いプット・オプションを売り、コール・オプションにレバレッジをかけて買うことで実現されます。

特に、満期日までの期間が長いほどリターンは高くなります。（A）は10年間の平均年率リターン、（B）は22年間の平均年率リターンです（次ページの1段目＆2段目の表）。

このポジションは、レバレッジを掛けたポジションなので、非常にボラティリティが高くなります。相場上昇時はベンチマークより高いリターンが得られますが、相場下落時はベンチマークより下落率が大きくなるので注意が必要です。

満期日が3ヶ月の合成株式ポートフォリオをCBOEで認められているマージン率の10%で運用した場合と、それ以上の比率で運用した場合の22年間における平均リターンと標準偏差、リターンとマージンコールになる確率は次ページの一番下の表のようになります。CBOEで認められているマージン率を100%使った場合は破産します。

◆合成株式ポートフォリオ（コール買い＋コール売り）の10年間の平均年率リターン（A）

	満期日3ヶ月	満期日6ヶ月	満期1年
SS (ATM/ATM)	12.0	13.8	20.1
SS (ATM/OTM)	8.7	10.1	13.9
SS (OTM/OTM)	11.2	10.8	23.7

単位：％

◆合成株式ポートフォリオ（コール買い＋コール売り）の22年間の平均年率リターン（B）

	満期日3ヶ月	満期日6ヶ月
SS (ATM/ATM)	13.7	13.8
SS (ATM/OTM)	11.8	12.4
SS (OTM/OTM)	14.0	13.0

単位：％

◆マージン率とパフォーマンス

	10 %	25 %	50 %	75 %	100 %
リターン	13.7	19.6	29.8	-8.2	N/A
標準偏差	17.4	21.1	33.3	106.1	109.7
マージンコールの確率	15.0	21.3	24.3	48.7	60.4

単位：％

3 Russell 2000 バイ・ライトの 15 年
～ Kapadia ～

　Kapadia は Russell 2000 という米国小型株（2,000 銘柄）のインデックスを対象にして、カバード・コール 15 年間のリターンを調べています。この研究では、コールを満期日の前々日の終値を基準にして、5％アウト・オブ・ザ・マネー、2% アウト・オブ・ザ・マネー、アット・ザ・マネーのコール・オプションを満期日の前日の寄付の bid（買値）で売り建てる方法を取っています。コントロールの Russell 2000 TR は、配当金込みの Russell 2000 Index Total Return です。

　それによると、5％アウト・オブ・ザ・マネーが最もリターンが良く、シャープ・レシオも最高となっています（次ページの 1 段目 & 2 段目の図表）。

　一般的に、カバード・コールは相場が横這い、ないし緩やかな上昇時に向いていると言われています。しかし、相場が、上昇しているか、下降しているか、あるいは横這いかは、事後的にしかわかりません。相場の状況に応じて、オプション戦略を変えるべきであると説明している本もありますが、多くの場合、現在の相場がどの相場かは事後的にしかわからないので、無理な注文です。

　しかし、参考までに、相場によってカバード・コールの優越性はどれくらい変わるか、あるいは変わらないかを見ていきましょう。

　1996 年 2 月 1 日から 2003 年 2 月 28 日までは、相場は上昇した後、下降しました。次ページの下の表の通り、Russell 2000 TR は 3.28％のリターンでしたが、カバード・コールはすべて Russell 2000 TR のリターンを上回り、標準偏差も小さくなっています。

◆米国小型株のインデックスを対象にした15年間のカバード・コールのリターン

	Russell 2000 TR	5%OTM	2%OTM	ATM	2%ITM	5%ITM
年率リターン（%）	8.11	10.21	8.87	7.30	6.94	5.54
標準偏差（%）	21.06	18.63	16.57	14.66	13.24	10.99
シャープ・レシオ	0.23	0.37	0.33	0.27	0.27	0.20
トレイナー・レシオ	0.05	0.08	0.08	0.07	0.07	0.06

1-Month Buy Write Growth of $100

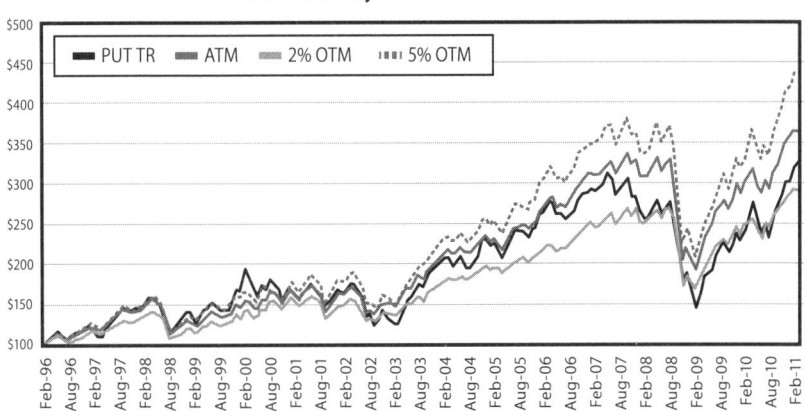

◆相場上昇後、下落時のカバード・コールのパフォーマンス

1996年2月1日～2003年2月28日

	Russell 2000 TR	5%OTM	2%OTM	ATM	2%ITM	5%ITM
年率リターン（%）	3.28	6.07	5.49	4.40	5.22	3.95
標準偏差（%）	21.83	18.84	16.76	15.09	13.71	11.25
シャープ・レシオ	-0.06	0.08	0.05	-0.02	0.04	-0.06
トレイナー・レシオ	-0.01	0.02	0.01	0.00	0.01	-0.02

続く、2003年3月1日から2007年10月31日までの期間は上昇相場でした。下表の通り、Russell 2000 TR は 20.92％のリターンでした。カバード・コールでは5％OTM 以外は、Russell 2000 TR のリターンを上回れませんでしたが、標準偏差はいずれも Russell 2000 TR よりも小さくなっています。その結果、シャープ・レシオとトレイナー・レシオは、すべてのカバード・コールで Russell 2000 TR を上回りました。

◆上昇相場でのカバード・コールのパフォーマンス

2003年3月1日～2007年10月31日

	Russell 2000 TR	5%OTM	2%OTM	ATM	2%ITM	5%ITM
年率リターン（%）	20.92	21.86	19.63	15.79	13.17	9.57
標準偏差（%）	14.08	12.66	10.52	7.89	5.90	3.36
シャープ・レシオ	1.27	1.48	1.58	1.61	1.71	1.94
トレイナー・レシオ	0.18	0.22	0.25	0.28	0.36	0.58

2007年11月1日から2011年3月31日までは、金融危機の後、回復しました。下表の通り、Russell 2000 TR は 1.99％のリターンでしたが、カバード・コールはすべて Russell 2000 TR のリターンを上回り、標準偏差も小さくなっています。

◆金融危機とその後の回復期でのカバード・コールのパフォーマンス

2007年11月1日～2011年3月31日

	Russell 2000 TR	5%OTM	2%OTM	ATM	2%ITM	5%ITM
年率リターン（%）	1.99	4.03	2.20	2.36	2.35	3.47
標準偏差（%）	26.78	24.30	22.07	20.02	18.60	16.23
シャープ・レシオ	0.03	0.12	0.05	0.06	0.07	0.15
トレイナー・レシオ	0.01	0.03	0.01	0.02	0.02	0.05

以上のように、シャープ・レシオ、トレイナー・レシオで見ると、検証した3つのどの期間でも、カバード・コールはインデックスの単なるバイ・アンド・ホールドより優れているということがわかります。

4 カバード・コールによるアルファの発見 ～ Hill ～

　Hill は、S&P 500 を原資産とするヨーロピアン・タイプのオプションのパフォーマンスを調べました。

　具体的には、S&P 500 株式インデックスを買い、アット・ザ・マネー、2％アウト・オブ・ザ・マネー、5％アウト・オブ・ザ・マネーのコール（満期日は翌月）を売り建て、カバード・コールを行います。ただし、満期日まで rolling しません。満期日に決済し、新規にカバード・コールを組みます。売買スプレッドは、インプライド・ボラティリティの分とし、受け取った現金や配当は LIBOR（ロンドン銀行間取引金利）に投資します。1990 年から 2005 年までの期間の結果は下表です。

◆カバード・コールのパフォーマンス（1990 ～ 2005 年）

	S&P 500	5%OTM	2%OTM	ATM
年率リターン（%）	10.92	12.22	13.42	13.25
標準偏差（%）	14.15	12.63	10.43	5.5
シャープ・レシオ	0.77	0.97	1.29	2.41

　次に、彼は、ボラティリティによって、権利行使価格をダイナミックに変えるカバード・コールを行う戦略のパフォーマンスをレトロスペクティブに研究しました。

　論文では、オプションのプライシング・モデルからコールが権利行使される確率が 20％あるいは 30％になるように権利行使価格を設定しています。つまり、ボラティリティが高い時は、アット・ザ・マネー

からより離れたアウト・オブ・ザ・マネーのコールを売り建て、ボラティリティが低い時は、アット・ザ・マネーに近いアウト・オブ・ザ・マネーのコールを売り建てることになります。

その結果が下の表です。手間をかけている割には、パフォーマンスはそれほど良くはありません。

◆権利行使をダイナミックに変えるカバード・コールのパフォーマンス（1990〜2005年）

	20% Prob. ex.	4%OTM	30% Prob. ex.	2%OTM	S&P 500
年率リターン（%）	12.4%	12.4%	12.1%	12.5%	10.4%
標準偏差（%）	12.8%	12.4%	11.3%	10.5%	14.4%
シャープ・レシオ	0.97	1.00	1.08	1.18	0.72

5 カバード・コールとネイキッド・プット売りの条件付き権利行使価格 〜Stoz〜

　原資産は Dow Jones EURO STOXX 50 Index というヨーロッパ株からなるインデックスです。

　まず、カバード・コールとネイキッド・プット売りにおいて、権利行使価格を静的権利行使価格（103％、100％、97％）と、動的権利行使価格の場合のパフォーマンスで比較します。

　ダイナミック権利行使価格というのは、将来の株価を予測するとされている「DY（配当利回りの逆数）」と「EY（PERの逆数）」と「RP（Implemented Risk Premium）」を使って、インデックス指数の過去12ヶ月との比較で現在の指数の相対的高低を把握し、それらが高い（＝割安）時は、ショート・コールの権利行使価格を103％、ショート・プットの権利行使価格を100％とし、中間では、ショート・コールの権利行使価格を103％、ショート・プットの権利行使価格を97％、低い（割高）時は、ショート・コールの権利行使価格を100％、ショート・プットの権利行使価格を97％とします。Dow Jones EURO STOXX 50 Index の月間のボラティリティ（標準偏差）は約6％なので、株価より標準偏差の半分高い（低い）権利行使価格をアウト・オブ・ザ・マネー（イン・ザ・マネー）としています。

　ネイキッド・プット売りは損失無限大なので、ネイキッド・プット売りの権利行使価格の3％下の価格を権利行使価格とするプットを0枚、1枚、2枚のいずれかで買います（プロテクティブ・プット）。

　Dow Jones EURO STOXX 50 Index を原資産とし、1995年から2009年までのデータを使い、オプションの価格は、ブラック・ショールズの公式で計算し、無リスク金利は Euro LIBOR の1ヶ月を使い

ます。ボラティリティは1-month VSTOXX指数を使います。オプションがイン・ザ・マネーで終わる時は、買い戻して、新たな満期が翌月のオプションのポジションを取ります。

　結果をまとめると、カバード・コールは、リターンが高く、標準偏差が小さくなります。（静的）権利行使価格では、103%の場合が最もリターンが良くなりますが、ダイナミック権利行使価格の場合はいずれも良好です。中でも、RP（Implemented Risk Premium）を使った、ダイナミック権利行使価格は静的権利行使価格（103%）よりも良くなります（下の表）。

◆ダイナミック権利行使価格（DY、EY、RP）を使ったカバード・コール（C.C.）のパフォーマンス

	平　均	標準偏差
Index	0.56	5.92
C.C.(103%)	0.88	4.55
C.C.(ATM)	0.59	3.57
C.C.(103%)	0.29	2.71
C.C.(DY)	0.7	3.69
C.C.(EY)	0.67	3.68
C.C.(RP)	0.77	3.56

単位：%

　次ページの上の表のように、ネイキッド・プット売りは、リターンは良いのですが、標準偏差が非常に大きく、実際には使えません。おそらく、損失無限大のポジションなので、インデックスが下がった時

◆ネイキッド・プット売り（Naked Put）とプロテクティブ・プット（Protective Put）のパフォーマンス

	平　均	標準偏差
Index	0.56	5.92
Naked Put (0%)	1.44	9.29
Naked Put (0%)+ProtectivePut (1)	0.88	7.07
Naked Put (0%)+ProtectivePut (2)	0.34	5.39
Naked Put (97%)	1.11	8.13
Naked Put (97%)+ProtectivePut (1)	0.8	6.74
Naked Put (97%)+ProtectivePut (2)	0.49	5.67

単位：％

◆カバード・コール（C.C.）とネイキッド・プット売り（Naked Put）とプロテクティブ・プット（Protective Put）の組み合わせ

	平　均	標準偏差
Index	0.56	5.92
C.C. (103%)+Naked Put (100%)	1.80	8.19
C.C. (103%)+Naked Put (100%)+ProtectivePut (1)	1.21	5.75
C.C. (103%)+Naked Put (100%)+ProtectivePut (2)	0.65	3.87
C.C. (103%)+Naked Put (97%)	1.46	7.03
C.C. (103%)+Naked Put (97%)+ProtectivePut (1)	1.13	5.45
C.C.(103%)+Naked Put(97%)+ProtectivePut(2)	0.81	4.22
C.C.(DY)+Naked Put(DY)	1.57	7.23
C.C.(DY)+Naked Put(DY)+ProtectivePut(1)	1.15	5.29
C.C.(DY)+Naked Put(DY)+ProtectivePut(2)	0.76	3.81
C.C.(EY)+Naked Put(EY)	1.55	7.15
C.C.(EY)+Naked Put(EY)+ProtectivePut(1)	1.13	5.29
C.C.(EY)+Naked Put(EY)+ProtectivePut(2)	0.74	3.85
C.C.(RP)+Naked Put(RP)	1.66	7.06
C.C.(RP)+Naked Put(RP)+ProtectivePut(1)	1.2	5.34
C.C.(RP)+Naked Put(RP)+ProtectivePut(2)	0.76	4

単位：％

の損失が非常に大きいのでしょう。それをヘッジするために、プロテクティブ・プットを買うと標準偏差は小さくなりますが、プロテクティブ・プットを買う費用で利益の大部分は吹き飛んでしまい、結局、いずれの場合でも、原資産のインデックスを有意に上回れませんでした。

　カバード・コールとプット売りの組み合わせは、リターンは良くなりますが、標準偏差も大きくなります。これに1枚または2枚のプロテクティブ・プットをもつと、標準偏差は小さくなりますが、リターンも小さくなります。プロテクティブ・プットを1枚もつのが一番バランスが良いように思われます（前ページの下の表）。

6 オプション・インデックスからのエビデンス

　CBOE（Chicago Board Option Exchange）は「シカゴ・オプション取引所」と呼ばれ、米国のシカゴにある、世界有数の取引量を誇るデリバティブ（金融派生商品）取引所です。取引の他にも、様々な情報やサービスを提供していて、オプション関連の指数も発表しています。

　ここでは「CBOE S&P 500 2% OTM（BXY）」「CBOE S&P 500 BuyWrite Index（BXM）」「CBOE S&P 500 PutWrite Index（PUT）」を取り上げ、カバード・コールと現金確保プット売りのエビデンスを見ます。

　CBOE S&P 500 2% OTM（BXY）は、S&P 500株式インデックスを買い、その株価の2％直上のアウト・オブ・ザ・マネーのコール（満期日は翌月）を売り建て、カバード・コールを行うインデックスです。

　CBOE S&P 500 BuyWrite Index（BXM）は、S&P 500株式インデックスを買い、その株価の直上のアウト・オブ・ザ・マネーのコール（満期日は翌月）を売り建て、カバード・コールを行うインデックスです。ただし、満期日までローリングしません。満期日に決済し、新規にカバード・コールを組みます。

　コール・オプションの価格については、満期日の前営業日の東部時間の11時00分に、例えば、S&P 500株式インデックスが901.10だった場合、BXYでは920、BXMでは905のコール（満期日は翌月）が、11時30分から12時00分までの間に約定した価格（ただし、スプレッド注文の分は除く）の加重平均（VMAP）を採用します。

　また、プット・オプションについても、CBOEはCBOE S&P 500

PutWrite Index（PUT）を計算して、その結果を公表しています。その計算の仕方の概略は次のとおりです。

　最初にできるだけアット・ザ・マネーに近いアウト・オブ・ザ・マネーのプット・オプションを売り、得たプレミアムを1ヶ月物の短期国債に投資します。また、売り建てたプットをファイナンスする現金を確保しなければいけませんので、その現金を3ヶ月物の短期国債に投資します。

　翌月の満期日にプット・オプションがイン・ザ・マネーだった場合（権利行使価格＞満期日の株価）は、その損失（満期日の株価－権利行使価格）を3ヶ月物の短期国債を売ることで補填します。そして、新たにその翌月が満期のプットを、同様の方法で売り建てます。

　一方、満期日にプット・オプションがアウト・オブ・ザ・マネーだった場合は、当初得たプレミアムは、引き続き1ヶ月物の短期国債に投資します。そして、新たにその翌月が満期のプットを、同様の方法で売り建てます。

　そして、その翌月（つまり最初から2ヶ月後）の満期日に、プット・オプションがイン・ザ・マネーの場合は、損失（満期日の株価－権利行使価格）を補填しなければいけませんが、その損失はまず1ヶ月物の短期国債で補填し、それで足りなければ、3ヶ月物の短期国債で補填します。そして、さらにその翌月が満期のプットを、同様の方法で売り建てます。これを繰り返します。

　価格の決め方は、BXYやBXMと同様に、東部時間11時30分から12時00分までの間に約定した価格（ただし、スプレッド注文の分は除く）の加重平均（VMAP）を使いますが、プット・オプションを売る枚数はBXYやBXMの場合とは異なり、確保している短期国債（上記のように毎月変動します）でファイナンスできる最大の枚数

を売ります。

基本的にはふつうの現金確保プットのやり方と同じです。ただ、プット・オプションが満期日にイン・ザ・マネーになった場合は、行使される（株式を購入する）ことを避けるために、プットを買い戻して清算するということです。そして、確保している現金は、実際には株式購入には使わないで、その間、常に短期国債で運用します。

1988年6月から2011年6月までのデータを使って、BXY、BXM、PUTの年間リターン、標準偏差、シャープ・レシオを調べたのが下の表です。SPTRはS＆P500の配当金込みのトータル・リターン・インデックスです。

◆ BXY、BXM、PUTの年間リターン、標準偏差、シャープ・レシオ

	リターン(%)	標準偏差(%)	シャープ・レシオ
BXY	10.4	12.5	0.832
BXM	9.5	10.7	0.888
PUT	10.8	10.2	1.058
CLL	6.1	10.8	0.565
SPTR (S&P 500 Total Return)	9.1	15.0	0.607

単純計算では、PUT（現金確保プット売り）では19％、BXY（2％OTM カバード・コール）では14％、原資産のS&P 500よりリターンが良くなります。特筆すべきは、標準偏差が大幅に小さくなることです。また、累積リターンをグラフにすると、下の図のようになります。

◆ BXY、BXM、PUT の累積リターン

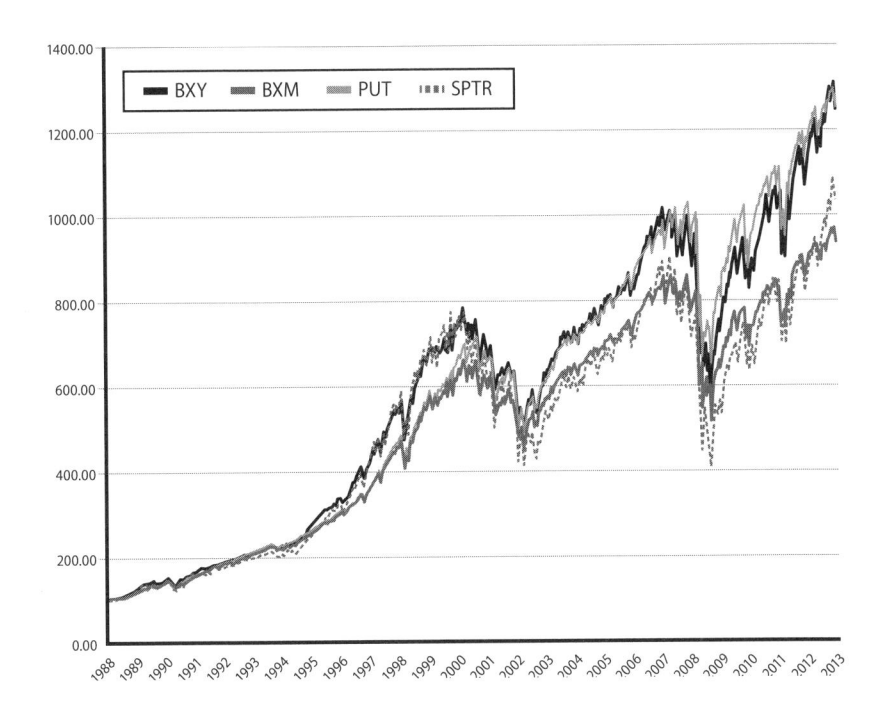

もちろん、これらの戦略が毎年必ず S&P 500 に勝つというわけではありません。2001 年から 2011 年までの 1 年ごとのリターンを見ると、下の表のようになります。

◆ BXY、BXM、PUT の年間リターン

	2001	2002	2003	2004	2005	2006	2007	2008	2009	2010	2011
BXM	-10.9%	-7.6%	19.4%	8.3%	4.2%	-13.3%	6.6%	-28.7%	25.9%	5.9%	5.7%
BXY	-11.4%	-12.3%	24.9%	9.7%	4.4%	17.1%	6.1%	-31.2%	32.1%	9.8%	7.2%
PUT	-10.6%	-8.6%	21.8%	9.5%	6.7%	15.2%	9.5%	-26.8%	31.5%	9.0%	6.2%
CLL	3.8%	-11.1%	17.9%	4.9%	2.0%	11.7%	0.9%	-23.6%	17.6%	4.1%	-8.8%
S&P 500	-11.9%	-22.1%	28.7%	10.9%	4.9%	15.8%	5.5%	-37.0%	26.5%	15.1%	2.1%

　概して、S&P 500 のリターンが 10％以下の年は、カバード・コールや現金確保プット売りのリターンが良く、S&P 500 のリターンが 10％超だと、カバード・コールや現金確保プット売りのリターンは S&P 500 に劣ると言えます。

7 まとめ

　上記の論文や CBOE が発表している指数より、カバード・コールや現金確保プット売りのリターンの良さと標準偏差の小ささ（＝リスクの小ささ）は実証されています。

　S&P 500 が年間 30％以上も上がるブル相場では、S&P 500 のほうがいいかもしれませんが、S&P 500 が年間 30％以上上がるかどうかは事前にはわかりません。相場がどうなるかは予想できないので、相場の動向に関係なく、カバード・コールと現金確保プット売りを投資の中心に置くことが、投資の王道です。

参考文献

1. バートン・マルキール, ウォール街のランダム・ウォーカー, 日本経済新聞社, 2011.
2. マーク・クリッツマン, 資産運用の常識・非常識, 日本経済新聞社, 2002.
3. 小林孝雄, 市場の効率性：ファーマから35年, 証券アナリストジャーナル, 60-80, 2006.
4. 佐々木進, 変貌を迫られる株式アクティブ運用 – 運用力に依存する「アルファ重視型」へ–, ニッセイ基礎研 REPORT, 2005.10.
5. 齋藤定, 極値理論による資産価格変動のテールリスク分析, R&I 調査リポート, 1-4, 7月1日号, 2004.
6. 菅原周一, 長期運用とリスクの時間分散効果, ファイナンシャル・プランニング研究, 17-25, 2003.
7. 菅原周一, 片岡淳, 日本株式市場における個別銘柄変動性の有効性の検証, ファイナンシャル・プランニング研究, 80-90, 2010.
8. 山田徹、永渡学, 投資家の期待とボラティリティ・パズル, 日本証券アナリストジャーナル, 47-55, 2010.
9. KAPPA, 東大卒医師が教える科学的「株」投資術, 秀和システム, 2006.
10. KAPPA, 週末投資家のためのカバード・コール, パンローリング, 2011.
11. B. Abbey, Can Simple One and Two-Factor Investing Strategies Capture the Value Premium? International Research Journal of Applied Finance, 149-159, 3, 2012.
12. M. Allaire, Understanding Leaps: Using the Most Effective Option Strategies for Maximum Advantage, McGraw-Hill, 2002.

13. N. Amenc, F. Goltz et al. Choose Your Betas: Benchmarking Alternative Equity Index Strategies, 88-111, 39, 2012.
14. A. Ang, R. Hodrick, et al, The Cross-Section of Volatility and Expected Returns, The Journal of Finance, 61, 259-299, 2006.
15. C. Asness, T. Moskowitz, Value and Momentum Everywhere, The Journal of Finance, 929-985, 68, 2013.
16. L. Barras, O. Scaillet, et al, False Discoveries in Mutual Fund Performance: Measuring Luck in Estimated Alphas, The Journal of Finance, 179-216, 65, 2010.
17. F. Benjamin, M. Matthew, Buy Write Benchmark Indexes and the First Options-Based ETFs, ETFs and Indexing, 101-110, 1, 2008.
18. R.Blij, Back-testing Magic, http://arno.uvt.nl/show.cgi?fid=120695
19. T. Chordia A. Subrahmanyam, et al, Trends in Capital Market Anomalies, SSRN- id 2029057
20. A. Clare, N.Motson, et al, An evaluation of Alternative Equity Indices, SSRN- id 224208
21. J. Cohen, Put Options, McGraw-Hill, 2003.
22. K. Cuthbertson, D. Nitzsche, et al, UK Mutual Fund Performance: Skill or Luck? Journal of Empirical Finance, 613-634, 15, 2008.
23. D. Dewobroto, E. Febrian, et al, The Best Stock Hedging Among Option Strategies, Research Journal of Applied Sciences, 397-403, 5, 2010.
24. J. Doran, A. Fodor, Is There Money to be Made Investing in Options? A Historical Perspective, SSRN- id873639.
25. D. Dreman, Contrarian Investment Strategies: The Next Generation, Simon & Schuster, 1998.
26. E. Fama, K. French, Value versus Growth: The International Evidence, The Journal of Finance, 1975-1999, 53, 1998.

27. E. Fama, K. French, Size, Value, and Momentum in International Stock Returns, Journal of Financial Economics, 457-472, 102, 2012.

28. E. Fama, K. French, Luck versus Skill in the Cross-Section of Mutual Fund Returns, The Journal of Finance, 1915-1947, 65, 2010.

29. M. Ferreira, A. Keswani, et al, The Determinants of Mutual Fund Performance: A Cross-Country Study, Review of Finance, 483-525, 17, 2013.

30. F. Fu, Idiosyncratic Risk and the Cross-section of Expected Stock Returns, Journal of Financial Economics, 24-37, 91, 2009.

31. J. Greenblatt, The Little Book That Still Beats the Market, Wiley, 2010.

32. J. Griffin M. Lemmon, Does Book-to-Market Equity Proxy for DistressRISK or Overreaction? The Journal of Finance, 2317-2336, 57, 2002.

33. J. Hill, V. Balasubramanian, et al, Finding Alpha via Covered Index Writing, Financial Analysts Journal, 29-46, 62, 2006.

34. K. Hou, What Factors Drive Global Stock Returns? Rev. Financ. Stud. 2527-2574. 24, 2011.

35. N. Kapadia, E. Szado, 15 Years of the Russell 2000 Buy-Write, SSRN- id1928822.

36. P. Knez, M. Ready, On The Robustness of Size and Book-to-Market in Cross-Sectional Regressions, 1355-1382, 52, 1997.

37. R. Kosowski, A. Timmermann, et al, Can Mutual Fund "Stars" Really Pick Stocks? New Evidence from a Bootstrap Analysis, The Journal of Finance, 2551-2595, 61, 2006.

38. R. Lehman, L. McMillan, New Insights on Covered Call Writing: The Powerful Technique That Enhances Return and Lowers Risk in Stock investing, Bloomberg Press, 2003.

39. D. Luskin, Index Options & Futures: A Complete Guide,Wiley, 1987.

40. R. McLean, Does Academic Research Destroy Stock Return Predictability? SSRN- id 2156623

41. L. McMillan, McMillan on Options, Wiley, 2004.

42. J. O'Shaughnessy, What works on Wall Street: A Guide to the Best- performing Investment Strategies of All Time, McGraw-Hill, 2005.

43. Y. Plyakha, R. Uppal, et al, Why Does an Equal-Weighted Portfolio Outperform Value- and Price-Weighted Portfolios, SSRN-id1787045.

44. R. Stambaugh, J. Yu, et al, Arbitrage Asymmetry and the Idiosyncratic Volatility Puzzle, SSRN- id2179398.

45. O. Stotz, Conditional Strike Prices of Covered Call and Uncovered Put Strategies, Applied Financial Economics, 1163-1174, 21, 2011.

46. J. Ungar, M. Moran, The Cash-secured PutWrite Strategy and Performance of Related Benchmark Indexes, The Journal of Alternative Investments Spring, 43-56, 11, 2009.

47. Z. Yang, Buy-Write or Put-Write: An Active Index Writing Portfolio to Strike it Right, SSRN-id1827363.

48. J. Hill, G. Foster, Understanding Returns of Leveraged and Inverse Funds, Journal of Indexing, 41-58, Sep/Oct, 2009.

おわりに

　20年ぐらい前に株式投資を始めた頃、私は「アノマリーはなぜ起きるのだろう？　なぜ、それが解消されないのだろう？」と疑問をもち、その原因を心理学的な面から説明している行動ファイナンスに興味をもちました。その後、2002年にダニエル・カーネマンが行動ファイナンスの研究でノーベル経済学賞を受賞し、一躍行動ファイナンスが脚光を浴びました。

　しかし、投資家の過剰反応と過小反応が、ケースに応じて都合良く使い分けられていることが私にはよく理解できず、順番が逆ですが、伝統的ファイナンスを学ぼうと思いました。

　本書の前半は、ユージン・ファーマが提唱した効率的市場仮説がベースです。本書を書いている途中で、彼は2013年のノーベル経済学賞を受賞しました。1960年代の研究で、株価の動きを短期的に予測するのは極めて難しいという理論を提唱し、インデックスファンドの誕生に貢献したことが受賞理由です。

　カーネマンが「ヒューリスティクスとバイアス」を発表したのが1982年、ファーマが効率的市場仮説を発表したのが1970年です。伝統的ファイナンスに対する批判として行動ファイナンスが発展したので、ノーベル賞受賞の順番が逆で少し変な気もしますが、私が興味を持った順番もたまたま逆でした。

　米国ではその後、オプションが全盛を極め、フィシャー・ブラック、マイロン・ショールズ、ロバート・マートンはオプションの価格決定理論のブラック・ショールズ方程式を証明し、ショールズとマートンは1997年ノーベル経済学賞を受賞しました（ブラックは他界したた

め受賞できませんでした)。

　ショールズとマートンは、ノーベル賞受賞の翌年、経営陣として加わった巨大ヘッジ・ファンドLTCM(Long Term Capital Management)を破綻させてしまいましたが、ショールズはその後も懲りずにPlatinum Grove Fundを創業しました。しかし、これも2008年に38％の運用損を出し、解約を停止する事態となりました。2011年SEC（米国証券取引委員会）に提出された書類によると、Platinum Grove Fundから彼の名前が消えており、引退したといううわさがあります。

　このような事件が起きると、素人は「オプションは危険だ」と思いがちですが、本書で示したオプションはリスクを減らすためのものです。いかに株式投資よりリスクが少ないかは、本書を読んだ今、明らかでしょう。

　「はじめに」でも記しましたが、本書は株式投資を否定するものではありません。実際の資産運用は、その人の資産額と人的資本の多寡、配偶者の収入などにもよりますが、全資産の半分程度をよく考えられたETF何本かに投資し、それをホールドするだけでいいでしょう。他にすることがあるとすれば、数年に1回のリバランスぐらいです。

　残りの半分の資産はオプション取引に使います。毎月キャッシュが欲しければ、現金確保プット売り、カバード・コールをします。ファンダメンタル分析に自信のある銘柄があれば、LEAPSコール買いをします。この3つの戦略を中心にして、余裕があれば、その他の戦略を用いてもいいでしょう。

　さらに詳しく、ローリングなどのオプション取引の具体的なやり方を勉強したい方は、拙書『週末投資家のためのカバード・コール』（パンローリング社）をご覧ください。

勝者のゲームにより、自由、時間、健康などの果実を読者にもたらすことができれば、望外の喜びです。

KAPPA

著者紹介:KAPPA

東京大学医学部卒。医師兼個人投資家。ファイナンスの専門家やファンドマネージャーの常識を個人投資家にわかりやすく説明することに定評がある。投資関係の著書には「東大卒医師が教える『株』投資術」(秀和システム)、「週末投資家のためのカバード・コール」(パンローリング)がある。現在、金融機関に勤務(産業医)。横浜市在住。

ブログ:http://blog.livedoor.jp/kappa_ccw/

2014年06月02日　第1刷発行

超・株式投資
～賢者のためのオプション取引～

著　者	KAPPA
発行者	後藤康徳
発行所	パンローリング株式会社
	〒160-0023　東京都新宿区西新宿7-9-18-6F
	TEL 03-5386-7391　FAX 03-5386-7393
	http://www.panrolling.com
	E-mail　info@panrolling.com
装　丁	パンローリング装丁室
組　版	パンローリング制作室
印刷・製本	株式会社シナノ

ISBN978-4-7759-9129-9

落丁・乱丁本はお取り替えします。
また、本書の全部、または一部を複写・複製・転訳載、および磁気・光記録媒体に入力することなどは、著作権法上の例外を除き禁じられています。

【免責事項】
この本で紹介している方法や技術、指標が利益を生む、あるいは損失につながることはない、と仮定してはなりません。過去の結果は必ずしも将来の結果を示したものではありません。この本の実例は教育的な目的のみで用いられるものであり、売買の注文を勧めるものではありません。

本文　©KAPPA　　図表　©Pan Rolling 2014 Printed in Japn

著者書籍

週末投資家のための
カバード・コール

定価 本体2,000円+税　ISBN:9784775991220

現役医師が書いた、予測に頼らない「低リスク&高リターン」株式投資法

もし、私たちの人生が150年か200年ぐらいあれば、市場の平均指標に連動するETFやバリュー系ETFの長期投資は確かに有効だ。
しかし、私たちの人生はあまりに短いのです。この状況の中、利益を上げるにはどうしたらよいのか？
それは、オプションを利用すること。最も基本的かつ保守的なオプション「カバード・コール」の基礎から応用までを紹介します。

主な内容

普通の投資家にこそ真似してほしい
株式投資とは一味違う戦略

- 株式を買い、同じ株式のコールを売るという、米国で最も人気の高いカバード・コール（CCW）について、その基礎から応用まで解説
- 利益をできるだけ積み上げるためのフォローアップについては、具体例を交えながら、特に詳しく解説
- カバード・コールと類似の現金確保プット売り（CSP）についても解説
- 資金効率に優れているLEAPSダイアゴナル・スプレッド（LDS）についても紹介

目次
- 第1章 オプションの概要
- 第2章 オプションの基礎
- 第3章 カバード・コール（CCW）について
- 第4章 現金確保プット売り（CSP）について
- 第5章 カバード・コール（CCW）と現金確保プット売り（CSP）のエビデンス
- 第6章 LEAPSダイアゴナル・スプレッド（LDS）について
- 第7章 まとめ 〜3本の柱、その補強と修理〜

オプション関連書籍・DVD

カプランの オプション売買戦略

著者：デビッド・L・カプラン

定価 本体7,800円+税　ISBN:9784939103230

オプション取引で世界的第一人者の投資戦略

「売買の優位性」がなくては、決して儲けることはできない。オプションには株や先物の売買と比べ、実にさまざまな戦略プランを立てることができ、リスク・ヘッジの仕方も多様を極めている。しかし、オプションの理論を説明したり、机上の論理を振り回した本では、実際の売買には何も役に立たない。著者のカプランもそのことに悩まされていた結果、実践に役立つ本を、自らの売買経験を元に書いたのが本書である。

目次
- 第1章 「売買の優位性」という考え
- 第2章 基本的なオプション売買の概念
- 第3章 ボラティリティ
- 第4章 オプション売買戦略
- 第5章 オプション売買プラン
- 第6章 重要なオプション売買原則
- 第7章 オプション売買のためのコンピューター

DVD ボラティリティ戦略の裏技
オプション市場とボラティリティの仕組み

講師：デビッド・ラーマン

定価 本体8,800円+税　ISBN:9784775961018

フロアー・トレーダーの裏技を次々に紹介

シカゴにある世界有数の先物取引所、CMEとCBOTの立会場で、オプション・トレーダーとして長年にわたる成功を収めてきたラーマン。オプション取引と言うと、PCに向かって価格モデルをいじってばかり・・・、という先入観がありますが、走りながら考えるフロアー・トレーダーたちはどうなのでしょう？
受動的で静的な取引スタイルがオプション・・・、と考えていたとしたら、目から鱗のセミナーです。

オプション関連DVD

DVD 無限の可能性を持つオプション取引の実践

講師：塙麻紀子

定価 本体3,800円+税　ISBN:9784775963609　58分

**攻めも守りも自由自在！
オプション取引で収益機会を増やそう！**

動かぬ相場でさえも有効であり、ピンチをチャンスに変えることがオプション取引で行うことができる。一般的にはプロが扱う特殊な取引だという難しい印象だが、「225先物オプション」や「かぶオプ」（個別株オプション）など取引対象商品が増えたことで、より一般的な商品となった。個人投資家目線で分かり易いと評判の講師が解説。

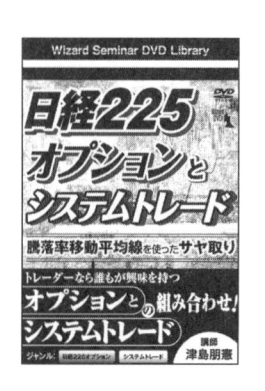

DVD 日経225オプションとシステムトレード

講師：津島朋憲

定価 本体3,800円+税　ISBN:9784775963302　63分

オプションとシステムトレードの組み合わせ！

オプション・スプレッド（サヤ取り）・システムトレードは、低リスクで効率的な運用を目指すトレーダーなら誰もが興味のある投資戦術。本DVDでは、これら3大戦術を統合した手法の概念と実例を詳細に紹介。

DVD 日経225オプション つなぎ売買とサヤの実践セミナー

講師：片岡俊博

定価 本体28,000円+税　ISBN:9784775962459　2枚組100分+111分

**単なる価格の上げ下げではなく
関連する価格の「値幅」から収益を上げる**

戦略を知っても、それを実践でどう生かすのか、その"コツ"を知らなければ自分のものにはならない。

オプション関連書籍・DVD

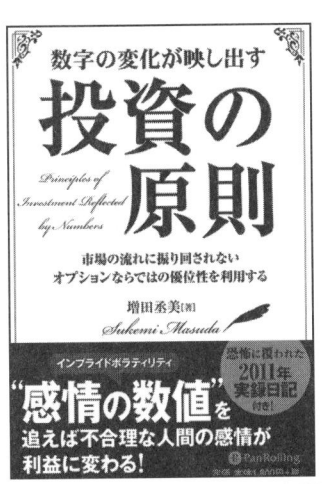

数字の変化が映し出す
投資の原則

著者：増田丞美

定価 本体1,800円+税　ISBN:9784775991138

市場の流れに振り回されない
オプションならではの優位性を利用する

オプションは難しい金融工学を理解しなければならない。それは誤解である。難しい側面からスタートする必要はない。ただし、気をつけるべきことはある。同じマーケットをベースにしても、オプションは多くの方が取り組んできた株式投資や株式トレードとはアプローチの仕方が違うということだ。

DVD 株式投資の利回りを高める
投資のすすめ

講師：増田丞美

定価 本体3,800円+税　ISBN:9784775963739

売買の組み合わせで
損益分岐点を下げるカバード戦略

株価が大きく上昇することが見込めない場合などに、同じ銘柄のコールオプションを売ることで、トータルの損益分岐点を下げることができます。（カバードコール）。

DVD ゆったり堅実な年利30％の長期投資
リープス(LEAPS)戦略の真実

講師：増田丞美

定価 本体38,000円+税　ISBN:9784775963791

LEAPS戦略とは個人投資家が
プロに勝てる数少ない売買技術

LEAPS（リープス）はごく普通の個人投資家が最も成功しやすい戦略であり、シンプルながらも過去の実績を振り返ると優れた利回りに驚かされるはずです。
この戦略は小資本で実行でき、かつ長く続けるほど高い収益が期待できます。

オプション倶楽部

知識と技術を向上させるために
— Option Club for improving the knowledge and technique —

オプション取引に関する知識と技術を向上させ、会員自らのトレードによって利益を得る能力を身につけることを目的とする。

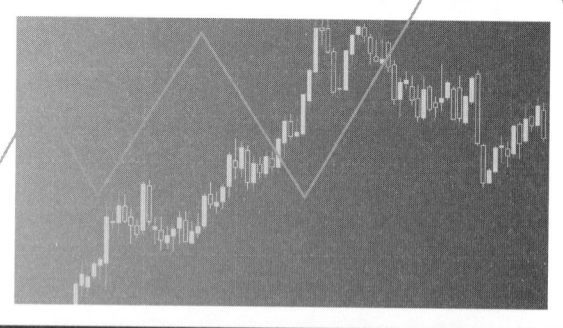

■主宰 増田丞美

オプション倶楽部のメリット

1. 毎週発行のニュースレター(月4回)
2. 学習サポート「質問無制限(電子メール)・充実のQ&A集」
3. オンデマンドセミナー
4. 損益計算用エクセルシート
5. 海外取引口座の開設方法
6. 取引ツールの使い方
7. プレミアムオンデマンド会員(有料)
8. 会員様限定のセミナーやDVDの割引案内

受講対象者

- 勝ったり敗けたりだが、なんとなく資金が減少している方。
- オプション取引を始める前に利益を上げるための正しい知識を身につけたい方。
- 今儲かっているが、自分の実力ではなく、偶然によるものではないかと不安な方。
- オプションの本は読んだが、何から初めて良いかが分からない方。
- 自分のポジションをプロならどう思うかを知りたい!という方。
- ご自身の得意とする戦略を身につけたい方
- オプション倶楽部のニュースレターが難しい…。いまひとつ活用出来ていない…。という方。

今すぐアクセス!! 「オプション倶楽部」検索

www.optionclub.net/

資料請求・お問合せ先

パンローリング株式会社
〒160-0323 東京都新宿区西新宿7-9-18-6F
Tel:03-5386-7391 Fax:03-5386-7393
http://www.panrolling.com/
E-Mail info@panrolling.com

オプション取引を
チャートギャラリーで実践!

パンローリングのチャートギャラリープロではオプション場帳、理論価格、IV を表示させることができます。ここでは本書に掲載されているオプション場帳の表示の仕方、チャートの出し方を説明します。

STEP1 オプション理論価格とオプションIVの設定

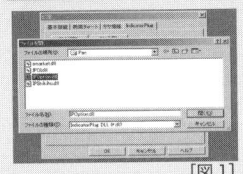

① チャートギャラリープロを起動し、「ツール」メニューの設定を実行し、「IndicatorPlug」タブをクリックします。「DLL追加...」ボタンを押して保存した IPOption.dll を選択して「開く」ボタンを押します。(図1参照)

② 指標の一番最後に「オプション理論価格」「オプションIV」が追加されたか確認します。

[図1]

STEP2 オプション場帳の表示

③ チャートギャラリープロを起動し、メニューバーの「新規作成 - オプション場帳」を実行します。

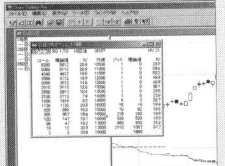

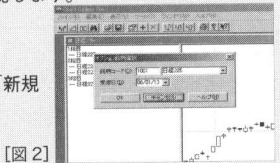

[図3]　　[図2]

④ 銘柄コードに1001(日経225)受け渡し日を▼で一覧を表示させご希望の限月を選択してOKボタンを押します。(図2参照)

⑤ オプション場帳が表示されます。
キーボードの「Shift+上下矢印」キーで次々とご希望の日付のデータを表示し確認できます。(図3参照)

STEP3 チャートの表示

⑥ オプション場帳のご希望のプレミアムをダブルクリックしますと1段目に原資産、2段目にプレミアムのチャートが表示されます。

⑦ 理論価格を表示するには、例えば、チャート画面の左側の2段目の「日経225 06/01 P15000」を選択し、メニューバーの「編集 - 追加」を実行します。

[図4]

⑧ 銘柄選択ダイアログボックスの指標(I)欄の▼をクリックし「オプション理論価格」を選択しOKを押します。(図4・5参照)

⑨ 同じように「オプションIV」を表示させるには、チャート画面左側の2段目を選択し、メニューバーの「編集 - 追加」を実行します。(図6・7参照)

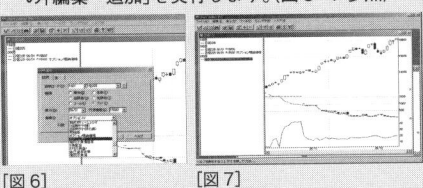

[図5]

[図6]　　[図7]

オプション場帳、IVのチャートを表示して明日の取引を考察

株式関連書籍

リスク限定のスイングトレード
出来高急増で天底(節目)のサインを探る！
著者：矢口新

定価 本体1,600円+税　ISBN:9784775991084

【これまでは「出来高」は地味な存在だった】何日ぶりかの出来高急増は節目（最良の売買タイミング）になりやすい！ 節目を確認して初動に乗る「理想のトレード」で損小利大を目指す。

板読みデイトレード術
投資家心理を読み切る
著者：けむ。

定価 本体2,800円+税　ISBN:9784775990964

板読み＝心理読み！の視点に立って、板の読み方や考え方だけではなく、もっと根本的な部分にあたる「負ける人の思考法」「勝つための思考法」についても前半部分で詳説。

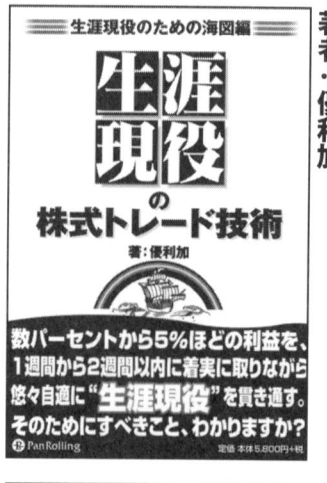

生涯現役の株式トレード技術
【生涯現役のための海図編】
著者：優利加

定価 本体2,800円+税　ISBN:9784775990285

数パーセントから5％の利益を、1週間から2週間以内に着実に取りながら"生涯現役"を貫き通す。そのためにすべきこと、決まっていますか？わかりますか？

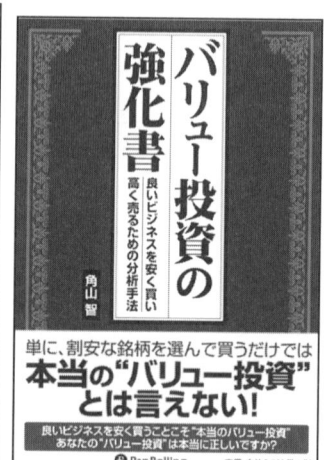

バリュー投資の強化書
著者：角山智

定価 本体2,800円+税　ISBN:9784775990681

明らかに"割安な銘柄"を買ったにもかかわらず、株価が思うように上がらないのは何故なのか。本当のバリュー投資を解説。

株式関連書籍

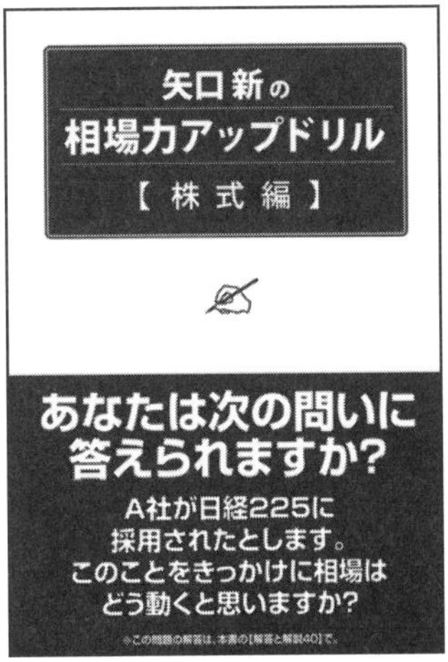

矢口新の相場力アップドリル 株式編
著者：矢口新

あなたは次の問いに答えられますか？
A社が日経225に採用されたとします。このことをきっかけに相場はどう動くと思いますか？

定価 本体1,800円+税　ISBN:9784775990131

実需には量的な制限が、仮需には時間的な制限がある。自分で材料を判断し、相場観を組み立て売買につなげることができるようになる。

【為替編】 定価 本体1,500円+税　ISBN:9784775990124

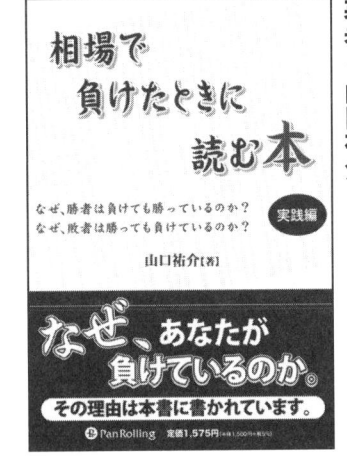

相場で負けたときに読む本 実践編
著者：山口祐介

なぜ、勝者は負けても勝っているのか？
なぜ、敗者は勝っても負けているのか？

なぜ、あなたが負けているのか。
その理由は本書に書かれています。

定価 本体1,500円+税　ISBN:9784775990476

あなたが本当に"勝者"であるならば、読む必要はありません。あなたがなぜ負けているのか。思い当たることがきっと書かれている。

【真理編】 定価 本体1,500円+税　ISBN:9784775990469

株式投資の裏技
著者：JACK

株式投資のゆがみに注目して資産を増やす方法

IPOセカンダリーで2億円稼ぐその他、PO・TOBで超堅実に利益を上げている個人投資家

王道以外の投資で勝負！
ローリスクできっちり利益を取っていく4つの方法を紹介

定価 本体1,600円+税　ISBN:9784775990988

「投資では何が起こるか予測がつかない」という前提の下、JACK氏の経験を参考に、リスクを極限まで抑えながらきっちり利益を上げていく方法を紹介。

5段階で評価するテクニカル指標の成績表
著者：矢口新

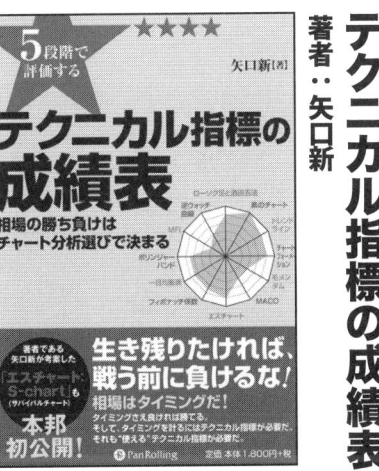

5段階で評価する
テクニカル指標の成績表
相場の勝ち負けはチャート分析選びで決まる

生き残りたければ、戦う前に負けるな！
相場はタイミングだ！

本邦初公開！

定価 本体1,800円+税　ISBN:9784775990926

相場のタイミングを知るにはテクニカル指標が必要だ。それも、"使える"テクニカル指標が必要なのだ。著者が考案したテクニカル指標も本邦初公開。

ＦＸ関連書籍

行き過ぎを狙う ＦＸ乖離（かいり）トレード
著者：春香

1分足のレンジで勝負！行き過ぎを狙うFX乖離トレード
乖離　勢い　チャートパターン　で見極める

著者が使用している（メタトレーダー用）独自インジケーターがダウンロードできる！
さらに、著者が普段のトレードで「何を考え、どうしう行動を取ったのか」がわかる「トレード日誌」も掲載！

定価 本体2,000円+税　ISBN:9784775991060

【独自のインジケーターで短期（1分足）のレンジ相場の行き過ぎを狙う】1カ月分（2011年1月）の「トレード日誌」で勝ち組トレーダーの頭の中を公開！

待つＦＸ
著者：えつこ

1日3度のチャンスを狙い撃ちする 待つFX

相場の勢いをつかんで勝負する損小利大の売買をメタトレーダーで実践

私たち素人が市場からお金をもらえるときはきちんと動いている（勢いがある）ときだけです。

勢いのある時間帯に実際に勢いが出たときにエントリー　見るべきテクニカル指標は2つ（ADX/DMIとBBand Width Ratio）だけ。

定価 本体各2,000円+税　ISBN:9784775991008

毎月10万円からスタートして、月末には数百万円にまで膨らませる専業主婦トレーダーがその秘密を教えます。

17時からはじめる東京時間半値トレード
著者：アンディ

17時からはじめる 東京時間半値トレード

勝率50%の分岐点こそが相場の原点

大事なのは予測ではなく、相場のやり方だ!!
FX CFD 原油 株価指数 バイナリーオプション などでも使えます。

購入者限定インジケータで億超えトレーダーの手法を再現！

定価 本体2,800円+税　ISBN:9784775991169

予測が当たっても儲からないことはある。予測以上に考えなければならないのは「どうポジションを作るのか」です。「半値」に注目した、シンプルで、かつ論理的な手法をあますことなく紹介！

---

iCustom（アイカスタム）で変幻自在のメタトレーダー
著者：ウエストビレッジインベストメント株式会社

iCustomで変幻自在のメタトレーダー

EAをコピペで作る方法

EAをゼロからひとりで作る時代はもう終わり。これからは利用できるものは利用してEA作成時間を"超"短縮

購入者限定　EA作りに必要な材料はすべてダウンロードできる！

定価 本体2,800円+税　ISBN:9784775991077

自分のロジックの通りにメタトレーダーが動いてくれる。そんなことを夢見てEA（自動売買システム）作りに励んでみたものの、難解なプログラム文に阻まれて挫折した人に読んでほしいのが本書です。

シェルダン・ネイテンバーグ

1982年にシカゴ・オプション取引所（CBOE）で株式オプション市場のマーケットメーカーとなり、トレーダーとしてのキャリアを始める。85年からはシ商品先物オプションの売買も手がけるようになる。

ウィザードブックシリーズ104
オプションボラティリティ売買入門

定価 本体5,800円+税　ISBN:9784775970706

ボラティリティに焦点を当て、確率を解説し、リスクを指摘する

本書の初版が発行されたのは1980年代後半。当時はまだオプション関連書といえば学術的で難解なものが多かった。だからこそ、同書の登場は画期的であった。オプション売買成功のカギとして欠かせない概念を丁寧かつ分かりやすい言葉で、そして実践的にまとめられていたからだ。

ジョエル・グリーンブラット

ウィザードブックシリーズ18
グリーンブラット投資法

定価 本体2,800円+税　ISBN:9784939103414

「投資のエリート」を出し抜くグリーンブラット流「相場の天才になる方法」とは？

今までだれも明かさなかった目からウロコの投資法
個人でできる「イベントドリブン」投資法の決定版！
企業分割、企業再編成、マージャー・セキュリティーズ、合併、引受権の売り出し、資本再編成、倒産などの「特殊状況」には、今までだれも語ることのなかった宝物の山が隠されている！

Chart Gallery 4.0
for Windows

パンローリング相場アプリケーション
チャートギャラリー
Established Methods for Every Speculation

最強の投資環境

成績検証機能つき

●価格(税込)
チャートギャラリー 4.0
- エキスパート　147,000 円
- プロ　　　　　 84,000 円
- スタンダード　 29,400 円

お得なアップグレード版もあります

www.panrolling.com/pansoft/chtgal/

チャートギャラリーの特色

1. **豊富な指標と柔軟な設定**
   指標をいくつでも重ね書き可能
2. **十分な過去データ**
   最長約30年分の日足データを用意
3. **日々のデータは無料配信**
   わずか3分以内で最新データに更新
4. **週足、月足、年足を表示**
   日足に加え長期売買に役立ちます
5. **銘柄群**
   注目銘柄を一覧表にでき、ボタン1つで切り替え
6. **安心のサポート体勢**
   電子メールのご質問に無料でお答え
7. **独自システム開発の支援**
   高速のデータベースを簡単に使えます

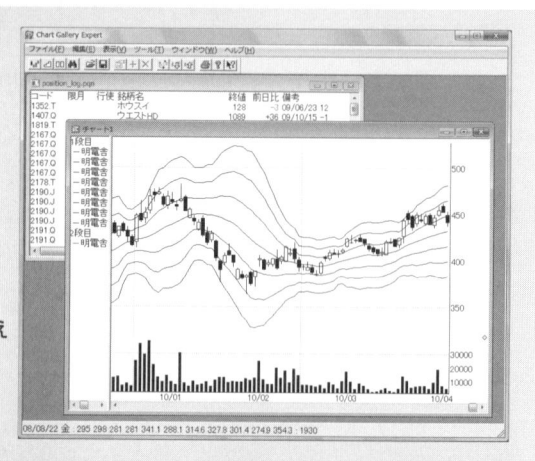

チャートギャラリー　エキスパート・プロの特色

1. 検索条件の成績検証機能[エキスパート]
2. 強力な銘柄検索(スクリーニング)機能
3. 日経225先物、日経225オプション対応
4. 米国主要株式のデータの提供

検索条件の成績検証機能 [Expert]

指定した検索条件で売買した場合にどれくらいの利益が上がるか、全銘柄に対して成績を検証します。検索条件をそのまま検証できるので、よい売買法を思い付いたらその場でテスト、機能するものはそのまま毎日検索、というように作業にむだがありません。

表計算ソフトや面倒なプログラミングは不要です。マウスと数字キーだけであなただけの売買システムを作れます。利益額や合計だけでなく、最大引かされ幅や損益曲線なども表示するので、アイデアが長い間安定して使えそうかを見積もれます。

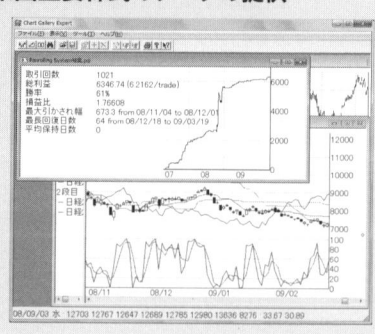